**"** 매일 성장하는 **초등 자기개발서 "**

**W 완자**

# 공부력

## Q 왜 공부력을 키워야 할까요?

### 쓰기력

**정확한 의사소통의 기본기이며 논리의 바탕**

연필을 잡고 종이에 쓰는 것을 괴로워한다!
맞춤법을 몰라 정확한 쓰기를 못한다!
말은 잘하지만 조리 있게 쓰는 것이 어렵다!
그래서 글쓰기의 기본 규칙을 정확히 알고
써야 공부 능력이 향상됩니다.

### 어휘력

**교과 내용 이해와 독해력의 기본 바탕**

어휘를 몰라서 수학 문제를 못 푼다!
어휘를 몰라서 사회, 과학 내용 이해가 안 된다!
어휘를 몰라서 수업 내용을 따라가기 어렵다!
그래서 교과 내용 이해의 기본 바탕을
다지기 위해 어휘 학습을 해야 합니다.

### 독해력

**모든 교과 실력 향상의 기본 바탕**

글을 읽었지만 무슨 내용인지 모른다!
글을 읽고 이해하는 데 시간이 오래 걸린다!
읽어서 이해하는 공부 방식을 거부하려고 한다!
그래서 통합적 사고력의 바탕인 독해 공부로
교과 실력 향상의 기본기를 닦아야 합니다.

### 계산력

**초등 수학의 핵심이자 기본 바탕**

계산 과정의 실수가 잦다!
계산을 하긴 하는데 시간이 오래 걸린다!
계산은 하는데 계산 개념을 정확히 모른다!
그래서 계산 개념을 익히고 속도와 정확성을
높이기 위한 훈련을 통해 계산력을 키워야 합니다.

세상이 변해도
배움의 즐거움은
변함없도록

시대는 빠르게 변해도
배움의 즐거움은
변함없어야 하기에

어제의 비상은
남다른 교재부터
결이 다른 콘텐츠
전에 없던 교육 플랫폼까지

변함없는 혁신으로
교육 문화 환경의 새로운 전형을
실현해왔습니다.

비상은 오늘, 다시 한번
새로운 교육 문화 환경을 실현하기 위한
또 하나의 혁신을 시작합니다.

오늘의 내가 어제의 나를 초월하고
오늘의 교육이 어제의 교육을 초월하여
배움의 즐거움을 지속하는 혁신,

바로, 메타인지학습을.

**상상을 실현하는 교육 문화 기업 비상**

**메타인지학습**
초월을 뜻하는 meta와 생각을 뜻하는 인지가 결합된 메타인지는
자신이 알고 모르는 것을 스스로 구분하고 학습계획을 세우도록 하는
궁극의 학습 능력입니다. 비상의 메타인지학습은 메타인지를 키워주어
공부를 100% 내 것으로 만들도록 합니다.

 완자

# 공부력 속담·한자 성어·관용어 카드

이 책에 나오는 **속담, 한자 성어, 관용어** 카드입니다.
배운 내용을 떠올리며 카드 놀이를 해 보세요.

| 속담 |
| --- |
| 서당 개 삼 년이면 풍월을 한다 |

| 속담 |
| --- |
| 급하면 바늘허리에 실 매어 쓸까 |

| 속담 |
| --- |
| 사람 위에 사람 없고 사람 밑에 사람 없다 |

| 속담 |
| --- |
| 약방에 감초 |

| 속담 |
| --- |
| 미주알고주알 캔다 |

**한자 성어**

### 동 고 동 락

| 同 | 苦 | 同 | 樂 |
| --- | --- | --- | --- |
| 한가지 | 괴롭다 | 한가지 | 즐겁다 |

| 속담 |
| --- |
| 바위에 달걀 부딪치기 |

**한자 성어**

### 누 란 지 위

| 累 | 卵 | 之 | 危 |
| --- | --- | --- | --- |
| 여러 | 알 | ~의 | 위태롭다 |

**카드 활용 방법**

❶ 카드 앞면에는 속담, 한자 성어, 관용어가, 카드 뒷면에는 뜻이 적혀 있어요.
❷ 카드를 점선을 따라 자른 후, 카드링으로 묶어요.
❸ 친구와 함께 문제를 내고 답하며 즐겁게 놀아요.

---

한자 성어

# 견 물 생 심

| 見 | 物 | 生 | 心 |
|---|---|---|---|
| 보다 | 물건 | 생기다 | 마음 |

---

관용어

# 눈에 차다

---

한자 성어

# 군 계 일 학

| 群 | 鷄 | 一 | 鶴 |
|---|---|---|---|
| 무리 | 닭 | 하나 | 학 |

---

관용어

# 냄새를 맡다

---

한자 성어

# 만 장 일 치

| 滿 | 場 | 一 | 致 |
|---|---|---|---|
| 가득하다 | 마당 | 하나 | 이르다 |

---

관용어

# 그림의 떡

---

관용어

# 귀가 얇다

---

관용어

# 날개가 돋치다

완자

ω 완자

# 공부력

## 초등 전과목

## 어휘 4A

# 초등 전과목 어휘
# 3-4학년군 구성
## - 3A, 3B, 4A, 4B -

### 국어 교과서

**✓ 문학**
남다르다 | 일생 | 후세 | 실재
4개 어휘 수록

**✓ 문법**
밤사이 | 독창적 | 유추 | 유입 | 대체 등
16개 어휘 수록

**✓ 읽기**
요약 | 전달 | 설득 | 판단 | 중시 등
20개 어휘 수록

**✓ 말하기, 쓰기**
구분 | 근거 | 주장 | 전개 | 견문 등
20개 어휘 수록

### 사회 교과서

**✓ 사회·문화, 생활**
특색 | 계승 | 공유 | 차별 | 유출 등
52개 어휘 수록

**✓ 법, 경제, 정치**
교환 | 경쟁 | 다수결 | 지급 | 자율 등
24개 어휘 수록

**✓ 지역, 지리**
사계절 | 편의 | 수확 | 밀집 | 재난 등
20개 어휘 수록

**✓ 역사**
변방 | 숭배 | 집대성 | 순국 | 대항 등
20개 어휘 수록

3~4학년 교과서에 나오는 필수 어휘를
과목별 주제에 따라 배우며 실력을 키워요!

## 수학 교과서

✔ 연산, 수
기간 | 원인 | 밀접 | 오차 | 배분 등
**24개 어휘 수록**

✔ 도형
구조 | 막대하다 | 무작위 | 자재 | 견고하다 등
**12개 어휘 수록**

✔ 그래프, 규칙
제외 | 배열 | 중복 | 섭렵 | 나선 등
**12개 어휘 수록**

## 과학 교과서

✔ 생물, 몸
번식 | 척박하다 | 서식지 | 예방 | 면역력 등
**36개 어휘 수록**

✔ 대기, 지구, 우주
지름 | 증발 | 수평 | 남용 | 분출 등
**36개 어휘 수록**

✔ 물질, 빛, 열
보관 | 탄력 | 접촉 | 원료 | 직진 등
**16개 어휘 수록**

✔ 기술, 전기
추리 | 타당하다 | 감전 | 낭비 | 점검 등
**8개 어휘 수록**

# 특징과 활용법

## 하루 4쪽 공부하기

✳ 그림과 한자로
교과서 필수 어휘를
배우고 문제를 풀며
확장하여 익혀요.

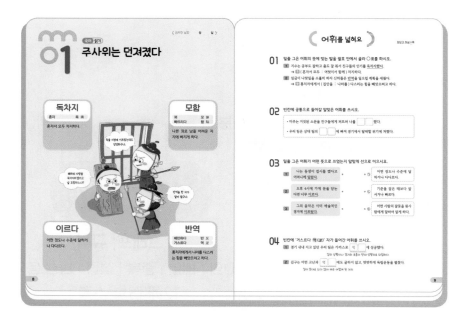

✳ 필수 어휘와 연관된
관용 표현과
문법을 배우고,
교과서 관련 글을
읽으며 어휘력을
키워요.

✅ 책으로 하루 4쪽씩 공부하며, 초등 어휘력을 키워요!

✅ 모바일앱으로 공부한 내용을 복습하고 몬스터를 잡아요!

## 공부한 내용 확인하기

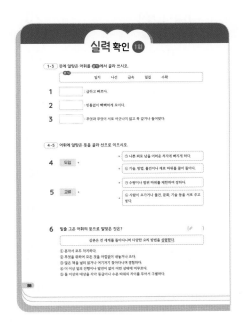

※ 20일 동안 배운 어휘를 문제로 💡 풀어 보며 자기의 실력을 확인해요.

## 모바일앱으로 복습하기

앱 다운받기     책 인증하기

※ 그날 배운 내용을 바로바로, 또는 주말에 모아서 복습하고, 다이아몬드 획득까지! 💎 공부가 저절로 즐거워져요!

# 차례

# 우리도 하루 4쪽 공부 습관!
## 스스로 공부하는 힘을
## 키워 볼까요?

큰 습관이
지금은 그 친구를 이끌고 있어요.
매일매일의 좋은 습관은 우리를 좋은
곳으로 이끌어 줄 거예요.

한 친구가
작은 습관을 만들었어요.

매일매일의 시간이 흘러
작은 습관은 큰 습관이 되었어요.

국어 읽기

# 01 주사위는 던져졌다

## 독차지

| 혼자 | 독 獨 |
| --- | --- |

혼자서 모두 차지하다.

## 모함

| 꾀 | 모 謀 |
| --- | --- |
| 빠뜨리다 | 함 陷 |

나쁜 꾀로 남을 어려운 처지에 빠지게 하다.

죽을 지경에 이르렀는데도 당당하구나.

폐하의 사랑을 독차지하겠다고 날 모함하느냐?

반역을 한 자가 말이 많구나.

## 이르다

어떤 정도나 수준에 달하거나 다다르다.

## 반역

| 배반하다 | 반 反 |
| --- | --- |
| 거스르다 | 역 逆 |

통치자에게서 나라를 다스리는 힘을 빼앗으려고 하다.

# 어휘를 넓혀요

## 01 밑줄 그은 어휘의 뜻에 맞는 말을 괄호 안에서 골라 ○표를 하시오.

**1** 지수는 공부도 잘하고 춤도 잘 춰서 친구들의 인기를 <u>독차지했다.</u>

→ 뜻 ( 혼자서 모두 | 여럿이서 함께 ) 차지하다.

**2** 임금이 나랏일을 소홀히 하자 신하들은 <u>반역</u>을 일으킬 계획을 세웠다.

→ 뜻 통치자에게서 ( 집안을 | 나라를 ) 다스리는 힘을 빼앗으려고 하다.

## 02 빈칸에 공통으로 들어갈 알맞은 어휘를 쓰시오.

- 미주는 거짓된 소문을 친구들에게 퍼뜨려 나를 ☐☐했다.
- 우리 팀은 상대 팀의 ☐☐에 빠져 경기에서 탈락할 위기에 처했다.

## 03 밑줄 그은 어휘가 어떤 뜻으로 쓰였는지 알맞게 선으로 이으시오.

**1** 나는 동생이 접시를 깼다고 어머니께 <u>일렀다.</u>

**2** 오후 4시에 가게 문을 닫는다면 너무 <u>이르다.</u>

**3** 그의 음악은 이미 예술적인 경지에 <u>이르렀다.</u>

ㄱ 어떤 정도나 수준에 달하거나 다다르다.

ㄴ 기준을 잡은 때보다 앞서거나 빠르다.

ㄷ 어떤 사람의 잘못을 윗사람에게 말하여 알게 하다.

## 04 빈칸에 '거스르다 역(逆)' 자가 들어간 어휘를 쓰시오.

**1** 경기 내내 지고 있던 우리 팀은 가까스로 역☐에 성공했다.

> 일의 상황이나 경기의 흐름이 반대 상황으로 뒤집히다.

**2** 김구는 어떤 고난과 역☐에도 굴하지 않고, 떳떳하게 독립운동을 펼쳤다.

> 일이 뜻대로 되지 않아 매우 어렵게 된 처지

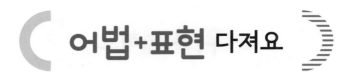

**05** 밑줄 그은 어휘의 '독-'이 보기의 뜻으로 쓰이지 <u>않은</u> 것은?  [ ✎       ]

> 보기
>
> **독(獨)-** : '한 사람의' 또는 '혼자 사용하는'의 뜻을 더하는 말

① 신인 발레리나의 <u>독무대</u>가 이어졌다.
② 경치가 좋아서 <u>독사진</u>을 찍어 달라고 했다.
③ <u>독사</u>에게 물리면 생명이 위험하니 조심해야 한다.
④ 언니는 나에게 감기를 옮길까 봐 <u>독상</u>을 차려 먹었다.
⑤ 큰 집으로 이사한 후 우리 형제는 각각 <u>독방</u>을 쓰게 되었다.

**06** 밑줄 그은 부분과 뜻이 통하는 관용 표현으로 알맞은 것은?  [ ✎       ]

> 지수는 미술 대회에서 대상을 받자 <u>기뻐서 입이 크게 벌어졌다.</u>

① 입을 모으다                    ② 입이 떨어지다
③ 입에 달고 다니다              ④ 입에 거품을 물다
⑤ 입이 귀밑까지 이르다

**07** 밑줄 그은 부분에 들어갈 속담으로 알맞은 것은?  [ ✎       ]

> 아빠: 지호야, 왜 이리 심통이 났니?
> 지호: 오늘 동생이랑 놀다가 다투었는데, 엄마가 저만 혼내시지 뭐예요. 동생이 엄마 사
> 랑을 독차지하는 것 같아서 질투가 나요.
> 아빠: "＿＿＿＿＿＿＿＿＿＿＿＿"라고, 엄마는 너희들을 똑같이 사랑한단다.

① 피는 물보다 진하다
② 가까운 남이 먼 친척보다 낫다
③ 가지 많은 나무에 바람 잘 날이 없다
④ 집에서 새는 바가지는 들에 가도 샌다
⑤ 열 손가락 깨물어 안 아픈 손가락이 없다

08~10  다음 글을 읽고, 물음에 답하시오.  국어 읽기

로마의 카이사르 장군은 수많은 전쟁에서 승리를 거두며 백성들의 사랑을 한몸에 받았다. 로마의 귀족 집단인 원로원의 의원들은 이런 카이사르가 로마를 독차지할까 봐 두려워했다. 그래서 카이사르가 전쟁에 나간 사이 카이사르가 반역을 저질렀다고 모함을 했다. 멀리 전쟁터에서 이 소식을 들은 카이사르는 모함을 받은 것에 화가 나서 군대를 이끌고 로마로 향하다가 루비콘강에 와서 망설였다. 카이사르가 군대를 이끌고 강을 건너면 로마의 법을 어기는 것이 되어서 진짜 반역자가 되기 때문이었다. 고민하던 카이사르는 "주사위는 던져졌다."라고 말하고는 군대를 이끌고 루비콘강을 건넜다.

주사위를 던지면 어떤 숫자가 나올지 아무도 알지 못하듯이, 카이사르 역시 자신의 앞일을 알지 못했지만 루비콘강을 건너기로 마음을 결정하고 행동했다. 그리고 로마에 가서 원로원을 없애는 데 성공하여 로마의 최고 권력자가 되었다. 이후로 일이 되돌릴 수 없는 지경에 이르러 실행할 수밖에 없음을 나타낼 때 "주사위는 던져졌다"라고 하게 되었다.

## 08  이 글의 핵심 내용을 파악하여 빈칸에 들어갈 알맞은 말을 쓰시오.

{ "☐☐☐는 던져졌다"라는 말이 생겨난 이야기 }

## 09  이 글을 읽고 난 반응으로 알맞지 <u>않은</u> 것은?  [✎    ]

① 카이사르는 로마에서 인기가 무척 많은 장군이었구나.
② 원로원 의원들은 카이사르를 자기편으로 만들려고 했구나.
③ 카이사르가 전쟁에 나가 있는 사이, 원로원 의원들이 그를 모함했구나.
④ 카이사르는 자신의 앞일을 알지 못했지만 마음을 결정하고 로마로 갔구나.
⑤ 카이사르는 루비콘강을 건너면서 원로원을 없애야겠다는 생각을 했겠구나.

## 10  밑줄 그은 말의 뜻이 다른 하나를 골라 ✓표를 하시오.

❶ ☐ <u>주사위가 던져졌고</u>, 가장 큰 수인 6이 나와서 우리 팀이 게임에서 이겼다.
❷ ☐ 오디션에 참가 신청서를 낸 주니는 <u>주사위는 던져졌다</u>며 노래 연습을 시작했다.
❸ ☐ 나는 수학 대회에 나가기로 결정했다. <u>주사위는 던져졌으니</u> 열심히 대회를 준비하는 일만 남았다.

# 비행기를 만든 형제

## 도입

| 이끌다 | 도 導 |
|---|---|
| 들이다 | 입 入 |

기술, 방법, 물건이나 재료 따위를 끌어 들이다.

## 습득

| 배우다 | 습 習 |
|---|---|
| 얻다 | 득 得 |

학문이나 기술 따위를 배워서 자기 것으로 하다.

과학 지식을 습득해서 하늘을 나는 자동차를 발명하고 싶어.

나도 자동차를 제작해 보고 싶어.

이 자동차는 친환경 기술을 도입했어요.

ECO-EV

## 발명

| 일어나다 | 발 發 |
|---|---|
| 나타나다 | 명 明 |

아직까지 없던 기술이나 물건을 새로 생각하여 만들어 내다.

## 제작

| 짓다 | 제 製 |
|---|---|
| 만들다 | 작 作 |

재료를 가지고 기술을 들여 새로운 물건이나 예술 작품을 만들다.

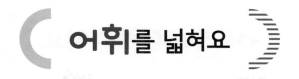
**01** 빈칸에 공통으로 들어갈 알맞은 어휘를 쓰시오.

- 에디슨은 전화기, 축음기, 백열전구 등을 [ ][ ]했다.
- 냉장고가 [ ][ ]되고 나서 음식물을 오랫동안 보관할 수 있게 되었다.

**02** 밑줄 그은 내용과 바꾸어 쓸 수 있는 어휘를 괄호 안에서 골라 ○표를 하시오.

**1** 인기 있는 소설은 영화로 새로 만들어지기도 한다.
↳ ( 제작되기도 | 소비되기도 )

**2** 대부분의 공장은 자동으로 제품을 만드는 기계를 들이고 있다.
↳ ( 도입하고 | 제외하고 )

**03** 밑줄 그은 어휘가 어떤 뜻으로 쓰였는지 알맞게 선으로 이으시오.

**1** 산하는 오늘 아침 길에서 지갑을 습득했다. ·

· ㉠ 주워서 얻다.

**2** 할아버지께서 스마트폰 사용 방법을 습득하셨다. ·

· ㉡ 학문이나 기술 따위를 배워서 자기 것으로 하다.

**04** '배우다 습(習)' 자가 들어간 보기의 어휘 중 빈칸에 알맞은 어휘를 골라 쓰시오.

보기
- 복습(復習): 배운 것을 다시 익혀 공부하다.
- 연습(練習): 학문이나 기술, 예술 따위를 익숙하도록 되풀이하여 익히다.
- 습작(習作): 시, 소설, 그림 따위를 익히기 위하여 연습 삼아 짓거나 그려 보다.

주나: 나는 어제 시를 여러 편 **1** [          ]하면서 시간을 보냈어. 너는?

기호: 난 수업 내용을 **2** [          ]하고, 친구들과 야구 **3** [          ]을 했어.

# 어법+표현 다져요

**05** 보기를 보고, 문장에 알맞은 어휘를 괄호 안에서 골라 ○표를 하시오.

> **보기**
>
> **발명** : 아직까지 없던 기술이나 물건을 새로 생각하여 만들어 내다.
>
> **발견** : 미처 찾아내지 못하거나 아직 알려지지 않은 사물, 현상, 사실을 찾아내다.

**1** 숙제를 대신 해 주는 로봇이 빨리 ( 발명 | 발견 )되기를 바란다.

**2** 유럽 강대국은 신대륙을 ( 발명 | 발견 )하고는 자기네 땅이라고 우겼다.

**3** 때수건인 '이태리타월'은 이탈리아 사람이 아닌 한국 사람이 ( 발명 | 발견 )한 것이다.

**06** 보기는 '사람'의 뜻을 더하는 말인 '-자(者)'가 들어간 어휘들이다. 빈칸에 들어갈 알맞은 어휘를 보기에서 골라 쓰시오.

> **보기**
>
> 제작자(製作者)          노동자(勞動者)          참석자(參席者)

**1** 결혼식이 끝나자 [          ]들은 하나둘 자리를 떴다.

    모임이나 회의 따위의 자리에 참여하는 사람

**2** 광고 [          ]는 제품의 특징이 잘 드러나도록 광고를 만든다.

    물건이나 예술 작품을 만드는 사람

**3** 건설 [          ]들이 뙤약볕이 내리쬐는 날씨에도 바깥에서 일한다.

    일을 하고 받은 돈으로 생활을 하는 사람

**07** 밑줄 그은 속담의 뜻으로 알맞은 것은?					[ ✎     ]

> "서당 개 삼 년에 풍월을 한다"라는 속담이 있다. 서당은 옛날 학생들이 글을 배웠던 곳으로, 이곳에서는 '풍월(바람 風, 달 月)', 즉 바람과 달을 가지고 시를 지어 읊고는 했다. 이 속담은 서당에서 삼 년 동안 매일 글 읽는 소리를 듣다 보면 서당에서 기르던 개조차도 글 읽는 소리를 내게 된다는 말이다.

① 지식을 습득하려면 멀리서 보고 배워야 한다.

② 한 가지를 습득하면 다른 열 가지를 잊어버린다.

③ 무식한 사람이 지식과 경험을 습득하기가 더 쉽다.

④ 지식과 경험을 습득하다 보면 자신이 누구인지 잊어버린다.

⑤ 한 분야에 오래 있으면 얼마간의 지식과 경험을 습득하게 된다.

**08~10** 다음 글을 읽고, 물음에 답하시오.

　1903년 12월 17일, 미국에서 '플라이어호'라는 이름의 비행기가 사람을 태우고 나는 데 성공했다. 이 비행기를 만든 사람은 윌버 라이트와 오빌 라이트 형제이다. 어릴 적부터 호기심이 많고 손재주가 뛰어났던 라이트 형제는 어른이 된 뒤 자전거 가게를 열었다. 형제는 가게에서 얻은 이익으로 비행기 제작에 필요한 기술들을 연구하고, 비행기 조종 기술을 습득했다. 그리고 마침내 가솔린 엔진을 단 최초의 동력 비행기, 플라이어호를 만들어 냈다.

　플라이어호는 네 번의 비행 끝에 59초 동안 244미터를 날았는데, 이는 당시로서는 굉장한 일이었다. 그때까지만 해도 사람이 하늘을 날 수 있는 방법은 열기구와 글라이더를 이용하는 것뿐이었다. 하지만 이것들은 바람의 힘을 빌려 하늘을 날기 때문에 사람이 원하는 방향으로 조종하기 어려웠다. 반면 플라이어호는 비행기를 조종하는 장치가 있어 사람이 원하는 대로 이동할 수 있었다. 이후 수많은 비행기들이 플라이어호의 기술을 도입하여 만들어졌고, 인류는 라이트 형제의 발명 덕분에 하늘을 자유롭게 날아다닐 수 있게 되었다.

**08** 이 글의 핵심 내용을 파악하여 빈칸에 들어갈 알맞은 말을 쓰시오.

{　　　라이트 형제의 동력 ☐☐☐ 발명과 그 의의　　　}

**09** 라이트 형제에 대한 설명으로 알맞지 <u>않은</u> 것은?　[✎　　]

① 어릴 적부터 손재주가 뛰어났다.
② 어른이 된 뒤 자전거 가게를 열었다.
③ 비행기 조종 기술을 배우기 위해 자전거 가게를 그만두었다.
④ 인류가 하늘을 자유롭게 날아다닐 수 있게 하는 데 큰 역할을 했다.
⑤ 자전거 가게를 하며 번 돈으로 비행기 제작에 필요한 기술을 연구했다.

**10** 플라이어호의 특징으로 알맞은 것은?　[✎　　]

① 사람이 원하는 방향으로 조종할 수 있었다.
② 첫 비행에서 59초 동안 수천 미터를 날았다.
③ 열기구, 글라이더와 같은 원리로 하늘을 날았다.
④ 1903년에 프랑스에서 사람을 태우고 나는 데 성공했다.
⑤ 당시 가솔린 엔진을 단 비행기들 중에 가장 늦게 제작되었다.

과학 물질

# 03 코끼리 똥의 변신

## 원료

| 근원 | 원 | 原 |
| 재료 | 료 | 料 |

어떤 물건을 만드는 데 들어가는 재료

## 여기다

마음속으로 그러하다고 인정하거나 생각하다.

플라스틱을 원료로 한 제품이 환경을 오염시킨대.

환경을 소중히 여기는 네 마음이 참 따뜻하구나.

자연과 공존하기 위해 환경 단체에 기부를 해 볼까?

## 공존

| 함께 | 공 | 共 |
| 있다 | 존 | 存 |

함께 살아가다.

## 기부

| 보내다 | 기 | 寄 |
| 보태다 | 부 | 附 |

어려운 사람을 돕거나 공공의 이익을 얻기 위하여 돈이나 물건 따위를 조건 없이 내놓다.

# 어휘를 넓혀요

정답과 해설 8쪽

**01** 빈칸에 '함께 살아가다.'를 뜻하는 어휘를 쓰시오.

> 개미는 진딧물을 다른 곤충으로부터 보호해 주고, 진딧물은 자신의 꽁무니에서 나오는 달콤한 단물을 개미에게 준다. 이렇게 개미와 진딧물은 서로 도우며 ☐☐한다.

**02** 빈칸에 공통으로 들어갈 알맞은 어휘를 쓰시오.

> 수아: 김○○ 배우가 이번에 태풍 피해가 심한 지역에 성금을 ☐☐했대.
>
> 지유: 얼마 전에도 유기견 보호소에 강아지 사료를 ☐☐했던데, 대단하다.

**03** 밑줄 그은 어휘와 뜻이 비슷한 어휘를 골라 ✔표를 하시오.

**1** 나는 형의 말을 사실이라고 <u>여기다</u> 나중에서야 속은 것을 알았다.

☐ 나무라다　　☐ 부풀리다　　☐ 생각하다　　☐ 예감하다

**2** 우리나라 전통 종이인 한지는 닥나무 껍질을 <u>원료</u>로 하여 만들어진다.

☐ 재질　　☐ 재료　　☐ 재물　　☐ 재주

**04** 뜻과 예문을 보고, 빈칸에 들어갈 알맞은 글자를 쓰시오.

**1** 공 (함께 共) + ☐
  - 뜻 둘 이상의 사람이나 단체가 함께 일을 하다.
  - 예문 이 그림은 두 화가가 _____으로 작업한 것이다.

**2** 존 (있다 存) + ☐
  - 뜻 현실에 실제로 있다.
  - 예문 너는 귀신이 _____한다고 생각하니?

**05** 보기와 다음에 제시된 발음을 참고하여 빈칸에 들어갈 알맞은 어휘를 쓰시오.

> **보기**
>
> 앞 글자의 받침 'ㄴ'과 뒤 글자의 첫소리 'ㄹ'이 만나면 'ㄴ'은 'ㄹ'로 발음된다.
> 예 콩은 두부, 콩나물, 콩기름 등의 원료[월료]로 쓰인다.

**1** 경주는 〔          〕[실라] 시대의 수도였다.

**2** 겨울에는 〔          〕[날로] 옆에 있는 게 제일 따뜻하다.

**3** 아침을 먹지 못한 아이들이 배가 고프다고 〔          〕[날리]였다.

**06** 밑줄 그은 관용 표현의 공통된 뜻으로 알맞은 것은? 〔 ✎ 〕

> • <u>눈에 차는</u> 물건이 없으니 다른 가게도 한번 가 보자.
> • 동생은 밥을 두 공기나 먹고서야 <u>성에 찼는지</u> 숟가락을 내려놓았다.

① 부끄럽게 여기다.　　　　　　　② 흡족하게 여기다.
③ 못마땅하게 여기다.　　　　　　④ 대수롭지 않게 여기다.
⑤ 여럿 가운데 제일로 여기다.

**07** 다음 한자 성어를 활용한 문장으로 알맞은 것은? 〔 ✎ 〕

| 同 | 苦 | 同 | 樂 |
|---|---|---|---|
| 한가지 동 | 괴롭다 고 | 한가지 동 | 즐겁다 락 |
| '동고동락'은 괴로움도 함께하고 즐거움도 함께한다는 뜻이다. | | | |

① 유리와 태호는 <u>동고동락</u>으로 만나기만 하면 싸운다.
② 비행기가 심하게 흔들리자 놀란 승객들은 <u>동고동락</u>했다.
③ 강아지 뽀삐는 우리 가족과 10년 동안 <u>동고동락</u>해 왔다.
④ <u>동고동락</u>이라더니 성격이 비슷한 애들끼리 몰려다니는구나.
⑤ 동생과 나는 가족 여행 장소를 두고 <u>동고동락</u>을 꿈꾸고 있다.

**08~10** 다음 글을 읽고, 물음에 답하시오.                          과학 물질

코끼리는 몸집이 큰 만큼 많이 먹고, 많이 먹는 만큼 똥을 싸는 횟수와 양도 어마어마하다. 코끼리 한 마리는 하루에 약 50킬로그램의 똥을 누는데, 이 엄청난 양의 똥은 인간에게 골칫거리로 여겨졌다. 그런데 코끼리 똥에 종이의 원료가 들어 있다는 것이 알려지면서 코끼리 똥이 주목받기 시작했다.

코끼리 똥으로 어떻게 종이를 만들까? 먼저 코끼리 똥을 모아서 햇볕에 바싹 말린 뒤 깨끗이 씻는다. 그리고 다섯 시간 동안 똥을 끓이면서 세균과 필요 없는 물질을 없앤다. 그다음 체를 사용하여 똥에서 종이로 만들 수 있는 섬유질을 분리한다. 체에서 걸러진 섬유질을 틀에 올려 꾹 눌러 모양을 잡은 후 여러 날 말리면 종이가 완성된다. 이렇게 코끼리 똥을 이용해 종이를 만들면서 이와 관련된 일자리가 생겨났고, 코끼리가 사는 마을의 경제에 큰 보탬이 되었다. 코끼리 똥 종이를 팔아 생긴 돈의 일부는 코끼리 보호소에 기부되어 코끼리들을 보호하는 데 쓰이고 있다. 코끼리 똥 종이는 인간과 동물의 바람직한 공존 방식을 잘 보여 준다.

**08** 이 글의 핵심 내용을 파악하여 빈칸에 들어갈 알맞은 말을 쓰시오.

{ 인간과 동물의 ☐☐ 을 보여 주는 코끼리 똥 ☐☐ }

**09** 코끼리 똥 종이를 만드는 과정에 맞게 기호를 쓰시오.

┌─────────────────────────────────────────────────────┐
│ ㉠ 코끼리 똥을 햇볕에 말려 깨끗이 씻는다.                       │
│ ㉡ 걸러진 섬유질을 틀에 올려 모양을 잡고, 며칠 동안 말린다.         │
│ ㉢ 코끼리 똥을 끓인 뒤 똥에서 종이로 만들 수 있는 섬유질을 체로 분리한다. │
└─────────────────────────────────────────────────────┘

[ ✎    ] → [ ✎    ] → [ ✎    ]

**10** 코끼리 똥 종이가 만들어 낸 결과로 알맞지 <u>않은</u> 것은?          [ ✎    ]
① 새로운 일자리를 만들어 냈다.
② 종이를 팔아 돈을 벌 수 있게 되었다.
③ 코끼리들을 보호하는 데 도움을 주었다.
④ 종이 낭비에 따른 환경 오염이 심각해졌다.
⑤ 코끼리가 사는 마을의 경제에 도움이 되었다.

수학 규칙

# 04 규칙이 있는 숫자들

## 늘어서다

길게 줄지어 서다.

## 일치

| 하나 | 일 一 |
| 이루다 | 치 致 |

무엇과 무엇이 서로 어긋나지 않고 꼭 같거나 들어맞다.

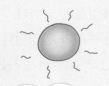

여기 늘어선 나무의 종류가 모두 일치할까?

나무에 관한 지식을 섭렵한 친구에게 물어보자.

달팽이 껍데기가 나선 모양이야.

## 섭렵

| 돌아다니다 | 섭 涉 |
| 찾다 | 렵 獵 |

많은 책을 널리 읽거나 여기 저기 찾아다니며 경험하다.

## 나선

| 소라 | 나 螺 |
| 돌다 | 선 旋 |

물체의 겉모양이 소라 껍데기처럼 빙빙 비틀린 것

# 어휘를 넓혀요

정답과 해설 9쪽

**01** 밑줄 그은 어휘의 뜻에 맞는 말을 괄호 안에서 골라 ○표를 하시오.

**1** 비밀번호가 일치하지 않아 건물 안에 들어가지 못했다.
→ 뜻 무엇과 무엇이 서로 어긋나지 않고 ( 꼭 같다 | 벗어나다 ).

**2** 레오나르도 다빈치는 미술뿐만 아니라 과학, 건축 등을 두루 섭렵했다.
→ 뜻 많은 책을 널리 읽거나 여기저기 찾아다니며 ( 고생하다 | 경험하다 ).

**02** 빈칸에 공통으로 들어갈 어휘로 알맞은 것은? [ ✎ ]

- 차들이 수목원 입구에 길게 ⬚.
- 사람들이 입장권을 사느라 매표소 앞에 ⬚.

① 달라지다 ② 끌려가다 ③ 흩어지다 ④ 알려지다 ⑤ 늘어서다

**03** 빈칸에 들어갈 어휘로 알맞지 <u>않은</u> 것을 골라 ✔표를 하시오.

평소 생각이 달라 자주 다투던 채아와 서준이가 웬일로 의견이 ⬚.

☐ 똑같다    ☐ 일치하다    ☐ 빗나가다    ☐ 들어맞다

**04** 다음 도형의 모양과 뜻에 알맞은 어휘를 보기에서 골라 빈칸에 쓰시오.

**보기**
나선        곡선        직선

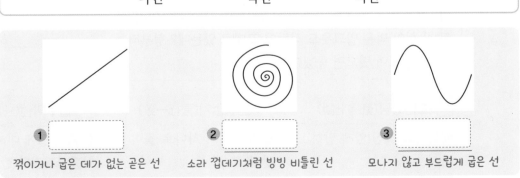

**1** ⬚
꺾이거나 굽은 데가 없는 곧은 선

**2** ⬚
소라 껍데기처럼 빙빙 비틀린 선

**3** ⬚
모나지 않고 부드럽게 굽은 선

**05** 보기를 보고, 문장에 알맞은 어휘를 괄호 안에서 골라 ○표를 하시오.

> **보기**
>
> **껍질** : 물체의 겉을 싸고 있는 단단하지 않은 물질
>
> **껍데기** : 달걀이나 조개 따위의 겉을 싸고 있는 단단한 물질

**1** 소라 ( 껍질 | 껍데기 )은/는 나선 모양이다.

**2** 바나나 ( 껍질 | 껍데기 )을/를 밟고 미끄러졌다.

**3** 어머니는 귤 ( 껍질 | 껍데기 )을/를 말려 차를 끓이셨다.

**4** 호두 ( 껍질 | 껍데기 )은/는 너무 딱딱해서 까기가 어렵다.

**06** 밑줄 그은 어휘의 뜻으로 알맞은 것을 보기에서 골라 기호를 쓰시오.

> **보기**
>
> ㉠ 여럿이 둥글게 늘어서다.
> ㉡ 어떤 대상이 있는 쪽으로 더 가까이 옮겨 서다.
> ㉢ 향하고 있던 쪽에서 반대 방향으로 방향을 바꾸어 서다.

**1** 버스를 타기 위해 우리는 차도로 <u>다가섰다</u>. [ ✏ ]

**2** 아이들은 운동장에 <u>둘러선</u> 채로 제기를 차고 있었다. [ ✏ ]

**3** 엄마가 부르시는 소리에 나는 가던 길을 멈추고 뒤로 <u>돌아섰다</u>. [ ✏ ]

**07** 밑줄 그은 부분에 들어갈 한자 성어로 알맞은 것에 ✔표를 하시오.

> 형: 밥을 먹은 뒤에는 그릇을 설거지통에 갖다 놓아야지?
> 동생: 형이 먹은 밥그릇도 식탁에 그대로 있는데? 형부터 _____ 하는 모습
> 을 보여 줬으면 좋겠어.

| ☐ 호언장담(豪言壯談) | ☐ 언행일치(言行一致) | ☐ 일구이언(一口二言) |
|---|---|---|
| 씩씩하고 자신 있게 말하다. | 말과 행동이 하나로 들어맞다. | 한 가지 일에 대하여 말을 이랬다저랬다 한다. |

**08~10** 다음 글을 읽고, 물음에 답하시오. 〔수학 규칙〕

> 피보나치는 중세 이탈리아의 수학자로, 지중해 여러 곳을 여행하며 아라비아에서 발전된 수학을 두루 섭렵했다. 그는 특정한 숫자들이 차례로 늘어서 있는 데서 규칙을 발견했다. 그 규칙이란 처음 두 수를 1과 1로 한 후, 그다음부터는 바로 앞의 두 개의 수를 더한 것이 뒤의 수와 일치한다는 것이다. 이 수열은 발견한 사람의 이름을 따서 '피보나치수열'이라고 부른다.
>
>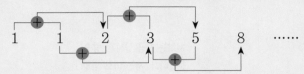
>
> 수학뿐 아니라 자연에서도 피보나치수열을 찾아볼 수 있다. 해바라기 씨앗은 중심을 향하여 시계 방향과 반시계 방향의 나선 모양으로 박혀 있다. 예를 들어 씨앗이 시계 방향으로 21개의 나선 모양으로 박혀 있다면 반시계 방향으로는 34개의 나선 모양으로 박혀 있다. 또한 씨앗이 시계 방향으로 34개의 나선 모양으로 박혀 있다면 반시계 방향으로는 55개의 나선 모양으로 박혀 있다. 여기서 '21, 34, 55'는 피보나치수열이다. 해바라기 씨앗이 피보나치수열을 따르는 것은 좁은 공간에 최대한 촘촘하게 들어가 서로 뭉쳐 비바람을 잘 견디기 위한 것이라고 한다.

**08** 이 글의 핵심 내용을 파악하여 빈칸에 들어갈 알맞은 말을 쓰시오.

{ ☐☐☐☐☐ 의 규칙과 자연에서 찾아볼 수 있는 예 }

**09** 이 글에서 알 수 있는 내용으로 알맞지 <u>않은</u> 것은? 〔✎  〕

① 피보나치수열은 수학자의 이름을 따서 붙인 이름이다.
② 피보나치수열은 이탈리아의 수학자가 발견한 규칙이다.
③ 피보나치수열은 처음 두 수를 1과 1로 정하는 것에서 시작한다.
④ 해바라기 씨앗의 배열 모양은 꽃이 햇빛을 골고루 받기 위한 것이다.
⑤ 해바라기 씨앗이 박혀 있는 나선의 수에서 피보나치수열을 찾아볼 수 있다.

**10** 이 글로 미루어 보았을 때, 빈칸에 들어갈 알맞은 수를 쓰시오.

1, 1, 2, 3, 5, 8, ☐☐☐ , 21 ……

사회 사회·문화

# 05 발달하는 통신 수단

## 실시간

| 실제 | 실 實 |
| 때 | 시 時 |
| 때 | 간 間 |

실제 흐르는 시간과 같은 시간

저희는 지금 실시간 방송 중입니다. 저는 미소 담당 훈입니다!

## 담당

| 맡다 | 담 擔 |
| 맡다 | 당 當 |

어떤 일을 맡다.

시청자가 급속하게 늘고 있어.

친구한테도 방송을 공유해야지.

## 급속

| 급하다 | 급 急 |
| 빠르다 | 속 速 |

급하고 빠르다.

## 공유

| 함께 | 공 共 |
| 가지다 | 유 有 |

두 사람 이상이 한 물건을 함께 가지고 있다.

**01** 빈칸에 공통으로 들어갈 알맞은 어휘를 쓰시오.

- 인기 뮤지컬 공연이 온라인을 통해 [ ][ ][ ]으로 방송되었다.

- 우리나라에서 외국에서 하는 축구 경기도 [ ][ ][ ]으로 볼 수 있다.

**02** 밑줄 그은 내용과 바꾸어 쓸 수 있는 어휘를 괄호 안에서 골라 ○표를 하시오.

1 <u>몹시 빠르게</u> 발전하는 컴퓨터 기술을 따라잡기란 쉽지 않다.
↳ ( 급속하게 | 위태롭게 )

2 우리는 농구라는 취미를 <u>함께 가지고 있기</u> 때문에 쉽게 친해질 수 있었다.
↳ ( 경쟁하기 | 공유하기 )

**03** 밑줄 그은 어휘와 뜻이 비슷한 어휘로 알맞지 <u>않은</u> 것을 골라 ✓표를 하시오.

내 방 청소는 내가 <u>담당하고</u> 있다.

☐ 맡고          ☐ 책임지고          ☐ 관리하고          ☐ 결정하고

**04** 빈칸에 '맡다 당(當)' 자가 들어간 어휘를 쓰시오.

솔아: 선생님을 도와서 과학실을 꾸미려는데 청소할 데가 많아서 ❶ [ ] 당 이 안 돼.

일을 맡아서 능력에 맞게 해내다.

주한: 청소 ❷ 당 [ ]인 내가 도와줄게. 뭐부터 하면 될까?

어떤 일을 책임지는 차례가 된 사람

**05** **보기**를 보고, 문장에 알맞은 어휘를 괄호 안에서 골라 ○표를 하시오.

> **보기**
>
> **맞다** : 문제에 대한 답이 틀리지 아니하다.
>
> **맡다** : 어떤 일에 대한 책임을 지고 담당하다.

**1** 아빠는 집안일 가운데 설거지를 ( 맞았다 | 맡았다 ).

**2** 학급 연극에서 토끼 역할을 ( 맞아 | 맡아 ) 그에 맞게 분장을 했다.

**3** 문제를 풀 때에는 답이 ( 맞는지 | 맡는지 ) 꼼꼼히 검토하는 것이 좋다.

**06** 밑줄 그은 어휘에 쓰인 '실-'의 뜻이 **보기**와 같은 것은? [  ]

> **보기**
>
> '실시간'은 '실제 흐르는 시간과 같은 시간'이라는 뜻으로, 여기서의 '실-'은 '실제의'라는 뜻을 더해 준다.

① 하늘에 <u>실구름</u>이 떠 있다.

② 아이들이 <u>실개천</u> 옆에서 놀고 있다.

③ 피곤했는지 눈에 <u>실핏줄</u>이 드러났다.

④ 잠든 줄 알았던 아이가 <u>실눈</u>을 뜨고 있었다.

⑤ 에디슨은 전기의 원리를 발견하여 <u>실생활</u>에 이용했다.

**07** 다음에서 설명하는 속담과 뜻이 비슷한 속담으로 알맞은 것은? [  ]

> "급하면 바늘허리에 실 매어 쓸까"라는 속담이 있다. 실은 바늘구멍에 꿰어 쓰는 것이므로 실을 바늘허리에 꿰려고 하면 바느질을 할 수가 없다. 이 속담은 일에는 일정한 순서가 있고 때가 있는 것이므로, 아무리 급속하게 일을 처리하고 싶어도 순서를 밟아서 해야 한다는 뜻을 전하고 있다.

① 쇠뿔도 단김에 빼랬다 　　　　② 우물에 가 숭늉 찾는다

③ 다 된 죽에 코 빠졌다 　　　　④ 개똥도 약에 쓰려면 없다

⑤ 떡 줄 사람은 생각도 않는데 김칫국부터 마신다

　　오늘날에는 과학 기술이 급속하게 발달하면서 ㉠스마트폰, 내비게이션, 모바일 메신저 등 수많은 통신 수단이 생겨났다. 오늘날 통신 수단의 특징은 첫째, 정보를 실시간으로 빠르게 전달할 수 있다. 둘째, 한 번에 많은 양의 정보를 여러 사람과 공유할 수 있다. 셋째, 하나의 통신 기기에서 전화, 이메일, 인터넷 검색 등을 다양하게 이용할 수 있다.

　　최근에는 통신 수단이 정보나 소식을 주고받는 기능을 넘어 다양하게 활용되고 있다. 그 예로 스마트폰이 건강을 지키는 기기로 사용되고 있는 것을 들 수 있다. 스마트폰 애플리케이션을 통해 걸음 수와 심박수, 잠자는 시간 등을 측정하여 사용자의 건강 상태를 간단히 확인할 수 있다. 또한 스마트폰의 카메라를 이용하여 의사가 언제 어디서든 환자의 눈 상태를 확인할 수 있는 기술도 나왔다. 의료 시설이 부족한 지역에서는 스마트폰이 의사 역할을 담당하여 질병을 진단하고 치료하는 데 도움을 주고 있다. 이처럼 통신 수단이 발달하고 그 기능이 다양해질수록 우리 생활은 더욱 편리해질 것이다.

**08** 이 글의 핵심 내용을 파악하여 빈칸에 들어갈 알맞은 말을 쓰시오.

오늘날 ☐☐ 수단의 특징과 다양한 활용

**09** ㉠을 이용한 예로 알맞지 않은 것은?

① 직접 가게에 가서 물건을 보고 골랐다.
② 스마트폰을 통해 실시간으로 올라오는 기사를 봤다.
③ 내비게이션을 보고 처음 방문하는 곳을 쉽게 찾아갔다.
④ 스마트폰 애플리케이션으로 걸음 수를 확인하며 운동을 했다.
⑤ 모바일 메신저에서 많은 양의 사진 파일을 한 번에 주고받았다.

**10** 통신 수단의 발달이 가져올 미래의 모습으로 알맞은 것은?

① 사람들의 건강이 나빠질 것이다.
② 건강에 대한 관심이 줄어들 것이다.
③ 질병으로 고통받는 사람들이 전부 사라질 것이다.
④ 통신 수단의 다양한 기능 덕분에 생활이 편리해질 것이다.
⑤ 여러 사람과 정보를 공유하는 데 어려움을 겪게 될 것이다.

과학 지구

# 샌드위치를 닮은 땅

## 단면

| 끊다 | 단 | 斷 |
| 모양 | 면 | 面 |

물체의 잘라 낸 면

## 층층이

여러 층으로 겹겹이 쌓인 모양

## 휘다

꼿꼿하던 물체가 구부러지다.
또는 그 물체를 구부리다.

## 수평

| 물 | 수 | 水 |
| 평평하다 | 평 | 平 |

한쪽으로 기울지 않고 평평한
상태

**01** 빈칸에 '물체의 잘라 낸 면'을 뜻하는 어휘를 쓰시오.

나무를 잘라서 그 ☐☐ 을 보면 여러 개의 나이테가 있다.

**02** 밑줄 그은 어휘와 뜻이 비슷한 어휘를 괄호 안에서 골라 ○표를 하시오.

**1** 자가 <u>휘어서</u> 선을 똑바르게 그을 수가 없다.
↳ ( 곧아서 | 구부러져서 )

**2** 나는 비뚤어진 액자를 <u>수평으로</u> 맞추어 놓았다.
↳ ( 똑바로 | 비스듬하게 )

**03** 빈칸에 공통으로 들어갈 알맞은 어휘를 쓰시오.

상자가 ☐☐☐ 쌓여 있다.

시루떡에 팥고물이 ☐☐☐ 깔려 있다.

**04** 뜻과 예문을 보고, 빈칸에 들어갈 알맞은 글자를 쓰시오.

**1** 수 (물 水) + ☐
뜻 스포츠나 놀이로서 물속을 헤엄치는 일
예문 나는 여름 방학 때 바다에서 _____을 했다.

**2** 평 (평평하다 平) + ☐
뜻 권리, 의무, 자격 등이 차별 없이 고르고 똑같다.
예문 모든 국민은 법 앞에서 _____하다.

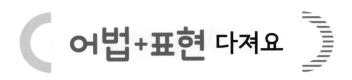

## 05 괄호 안에서 표기가 바른 것을 골라 ◯표를 하시오.

**1** 묻는 말에 ( 솔직이 ┊ 솔직히 ) 대답하렴.

**2** 하늘에 구름이 ( 층층이 ┊ 층층히 ) 깔려 있다.

**3** 친구들에게 ( 일일이 ┊ 일일히 ) 편지를 써 주었다.

**4** 게임을 하는데 엄마가 ( 조용이 ┊ 조용히 ) 방 안으로 들어오셨다.

## 06 보기를 보고, 빈칸에 들어갈 알맞은 어휘를 쓰시오.

> **보기**
>
> 어휘에 '–어지다'를 붙이면 사람이나 사물이 다른 힘에 의해서 어떤 행동을 당하게 되는 것을 나타낼 수 있다.
>
> | 휘(다) | + | –어지다 | → | 휘어지다 |
>
> 곧은 물체를 구부리다.  곧은 물체가 어떤 힘을 받아 구부러지다.

**1** 만들(다) + –어지다 → 떡볶이가 [          ].

**2** 이루(다) + –어지다 → 노력 끝에 꿈이 [          ].

**3** 나누(다) + –어지다 → 길이 두 갈래로 [          ].

## 07 다음 한자 성어를 사용할 수 있는 상황으로 알맞은 것은?  [✎    ]

> '누란지위(累卵之危)'는 여러 개의 알을 층층이 쌓아 놓은 듯한 위태로움을 뜻한다. 달걀은 깨지기 쉬워서 하나만 다루어도 조심스러운데, 이것을 여러 개 쌓아 놓는 것은 참으로 위험한 행동이다. 따라서 이 한자 성어는 마음을 놓을 수 없을 만큼 몹시 아슬아슬한 상황을 나타낼 때 사용한다.

① 서울로 전학 간 단짝 친구를 오랜만에 만났다.

② 시험 시간이 끝나 가는데 문제를 반도 못 풀었다.

③ 우리 팀은 축구 시합에 열심히 임했지만 결국 지고 말았다.

④ 아빠께서 내가 갖고 싶어 한 운동화를 생일 선물로 사 주셨다.

⑤ 가수가 되겠다는 목표를 이루기 위해 매일매일 노래 연습을 했다.

**08~10** 다음 글을 읽고, 물음에 답하시오.

과학 지구

바닷가 절벽이나 산을 깎아 놓은 단면에 암석이 샌드위치처럼 여러 층을 이룬 것을 본 적이 있을 것이다. 이것은 바다나 강의 바닥에 물이 운반한 자갈, 모래, 진흙 등이 층층이 쌓인 뒤 오랜 시간이 지나면서 단단하게 굳어져 암석이 된 것이다. 이 암석들이 여러 층을 이루고 있는 것을 ㉠지층이라고 한

▲ 지층의 모습

다. 지층이 쌓여 있는 모양은 보통 수평이지만 끊어진 것도 있고 휘어진 것도 있다. 땅속에서 작용하는 힘의 세기에 따라 층의 모양이 달라지기 때문이다. 또한 지층을 이루는 암석의 종류가 달라서 층마다 알갱이의 크기, 색깔, 두께가 서로 다르게 나타난다.

우리는 지층에서 지구의 과거를 알 수 있다. 각 지층은 암석이 쌓일 당시의 기후와 환경 등을 알려 준다. 예를 들어 지층에 갈라진 틈이 많으면 기후가 건조하고 땅이 메말랐다는 것을, 엇갈린 무늬가 있으면 바람이 강했다는 것을 짐작할 수 있다.

**08** 이 글의 핵심 내용을 파악하여 빈칸에 공통으로 들어갈 알맞은 말을 쓰시오.

{ ☐☐ 의 특징과 ☐☐ 을 통해 알 수 있는 사실 }

**09** ㉠에 대한 설명으로 알맞지 않은 것은?  [✏  ]

① 오랜 시간에 걸쳐 만들어진 것이다.
② 대부분 평평한 모양이나 끊어지거나 휘어진 모양도 있다.
③ 바닷가 절벽이나 산을 깎아 놓은 곳과 같은 데서 볼 수 있다.
④ 자갈, 모래, 진흙 등이 쌓여서 굳어진 암석으로 이루어져 있다.
⑤ 땅속에서 작용하는 힘의 세기에 따라 층마다 크기, 색깔, 두께가 다르다.

**10** 다음과 같은 지층이 만들어질 당시의 기후로 알맞은 것은?  [✏  ]

┌──────────────────────────────────┐
│        지층에 갈라진 틈이 많다.        │
└──────────────────────────────────┘

① 춥고 눈이 많이 왔다.          ② 덥고 비가 많이 내렸다.
③ 바람이 강하게 불었다.        ④ 기후가 건조하고 땅이 메말랐다.
⑤ 공기가 눅눅하고 땅이 축축했다.

사회 지역

# 서로 돕고 사는 촌락과 도시

**수확**

| 거두다 | 수 收 |
| 거두다 | 확 穫 |

익거나 다 자란 농수산물을 거두어들이다. 또는 거두어 들인 농수산물

**교류**

| 주고받다 | 교 交 |
| 옮겨 주다 | 류 流 |

사람이 오가거나 물건, 문화, 기술 등을 서로 주고받다.

농수산 직거래 장터

농어촌에서 수확한 먹을거리가 훌륭해. 농촌과 도시가 교류하니까 좋구나.

좋은 물건을 사려고 사람들이 밀집했어.

여긴 너무 혼잡하니까 사람이 적은 곳으로 가자.

취나물
고사리
쑥

**혼잡**

| 섞이다 | 혼 混 |
| 어수선하다 | 잡 雜 |

여럿이 한데 뒤섞이어 어수 선하다.

**밀집**

| 빽빽하다 | 밀 密 |
| 모이다 | 집 集 |

빈틈없이 빽빽하게 모이다.

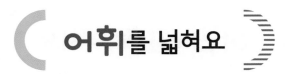

**01** 빈칸에 '빈틈없이 빽빽하게 모이다.'를 뜻하는 어휘를 쓰시오.

> 도시의 번화가에는 음식점, 옷 가게 등 여러 상점이 ☐☐해 있다.

**02** 밑줄 그은 어휘가 어떤 뜻으로 쓰였는지 알맞게 선으로 이으시오.

1 농촌에서는 벼 <u>수확</u>이 한창이다. •

2 민수는 국제 대회에 참가하여 우승보다 값진 <u>수확</u>을 얻었다. •

• ㉠ 어떤 일을 하여 얻은 성과

• ㉡ 익거나 다 자란 농수산물을 거두어들이다.

**03** 밑줄 그은 어휘와 뜻이 비슷한 어휘를 괄호 안에서 골라 ◯표를 하시오.

1 학생들이 소풍을 와서 놀이공원이 <u>혼잡하다.</u>
↳ ( 쓸쓸하다 | 단순하다 | 복잡하다 )

2 우리나라는 세계 여러 나라와 문화를 <u>교류하고</u> 있다.
↳ ( 익히고 | 주고받고 | 발전시키고 )

**04** 빈칸에 공통으로 들어갈 알맞은 글자를 쓰시오.

정아는 창가를 자그마한 화분들로
오☐조☐하게 꾸몄다.
(여러 물건이나 사물이) 아기자기하고 빈틈없이 늘어서 있다.

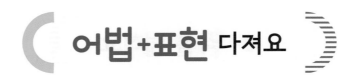

## 05 [ ] 안에서 밑줄 그은 어휘의 발음이 바른 것을 골라 ○표를 하시오.

**보기**

> 한자로 이루어진 말에서 'ㄹ' 받침 뒤에 오는 'ㄷ, ㅅ, ㅈ'은 'ㄸ, ㅆ, ㅉ'으로 소리가 난다.

밀집 → [밀찝]

**1** 기차가 막 출발[ 출발 ┊ 출빨 ]하려고 한다.

**2** 여름이라 물을 많이 마셔도 계속 갈증[ 갈증 ┊ 갈쯩 ]이 난다.

**3** 장난기가 발동[ 발동 ┊ 발똥 ]한 아이가 요란하게 물장구를 쳤다.

## 06 보기를 보고, 빈칸에 알맞은 어휘를 쓰시오.

**보기**

거리에 수많은 사람이 <u>오가고</u> 있다.

오가다 = 오다 + 가다

**1** 아이들이 놀이터에서 <u>뛰놀고</u> 있다.

↳ 뛰놀다 = [          ] + 놀다

**2** 나는 운동 삼아 계단을 <u>오르내렸다</u>.

↳ 오르내리다 = 오르다 + [          ]

## 07 밑줄 그은 부분과 뜻이 통하는 속담으로 알맞은 것은? [✎        ]

> 경환: 시험 기간에 게임하면서 놀기만 했지만 성적은 잘 나왔으면 좋겠어.
> 진아: 맙소사, 놀기만 했는데 좋은 성적이 나오기를 기대하는 거야? <u>무슨 일이든 노력한 만큼의 결과를 수확할 수 있는 법이라고.</u>

① 가뭄에 콩 나듯 한다

② 번갯불에 콩 볶아 먹는다

③ 콩 심어라 팥 심어라 한다

④ 콩 심은 데 콩 나고 팥 심은 데 팥 난다

⑤ 콩으로 메주를 쑨다 해도 곧이듣지 않는다

08~10
다음 글을 읽고, 물음에 답하시오.

사회 지역

촌락은 논과 밭, 바다, 산과 같은 자연환경을 이용해 살아가는 지역으로 주로 자연에서 필요한 것을 얻는다. 도시는 정치·경제·문화의 중심이 되는 곳으로 공장에서 물건을 만들거나 사람들의 편리한 생활을 도와주는 산업이 발달해 있다. 오늘날 촌락과 도시는 각각의 문제점을 안고 있다. 촌락은 일손이 모자라고, 병원이나 극장 같은 문화 시설과 편의 시설이 부족해 주민들이 불편을 겪고 있다. 반면 도시는 인구가 밀집해 있어 집값이 비싸고, 차량이 많아 교통이 혼잡하며 환경 오염이 심각하다.

촌락과 도시는 서로에게 부족한 물건이나 기술, 문화 등을 교류하며 함께 발전해야 하는 관계이다. 예를 들어 도시에 농수산물 직거래 장터를 열면 촌락 사람들은 직접 수확한 농수산물을 제값에 팔아 소득을 높일 수 있고, 도시 사람들은 신선한 농수산물을 싸게 살 수 있다. 이처럼 촌락과 도시에 사는 사람들이 활발하게 교류하면 서로에게 부족한 것을 채워 줄 수 있고, 두 지역의 경제가 함께 성장할 수 있다.

**08** 이 글의 핵심 내용을 파악하여 빈칸에 들어갈 알맞은 말을 쓰시오.

{ 촌락과 도시의 특징 및 촌락과 도시가 □□하여 얻을 수 있는 점 }

**09** 이 글을 읽고 난 후의 반응으로 알맞은 것은?

① 촌락은 주로 자연에서 필요한 것을 얻는구나.
② 촌락은 문화 시설과 편의 시설이 쓸데없이 많구나.
③ 일자리가 많은 촌락으로 도시 사람들이 많이 이동하는구나.
④ 도시는 교통 문제에 비해 환경 오염 문제는 적게 발생하는구나.
⑤ 촌락과 도시는 모두 인구가 밀집되어서 문제가 발생하고 있구나.

**10** 농수산물 직거래 장터에서 촌락과 도시가 교류하여 얻을 수 있는 좋은 점을 알맞게 선으로 이으시오.

| 1 | 촌락 사람들이 얻을 수 있는 좋은 점 | · | · ㉠ | 신선한 농수산물을 싸게 살 수 있다. |
| 2 | 도시 사람들이 얻을 수 있는 좋은 점 | · | · ㉡ | 물건을 제값에 팔아 소득을 높일 수 있다. |

**08**

과학 전기

# 전기, 조심해서 사용해요

## 감전

| 느끼다 | 감 感 |
| 전기 | 전 電 |

전기가 통하고 있는 물체에 몸이 닿아 충격을 받다.

## 낭비

| 함부로 | 낭 浪 |
| 쓰다 | 비 費 |

돈, 시간, 물건 등을 헛되이 함부로 쓰다.

용돈을 낭비하더니. 틈틈이 지갑을 점검해 봐.

지갑이 텅 비었다니! 온몸이 감전된 것처럼 짜릿한걸.

앞으로는 절약하는 습관을 기르길 바라.

## 점검

| 조사하다 | 점 點 |
| 검사하다 | 검 檢 |

빠짐없이 모두 검사하다. 또는 그런 검사

## 절약

| 아끼다 | 절 節 |
| 아끼다 | 약 約 |

함부로 쓰지 않고 꼭 필요한 데에만 써서 아끼다.

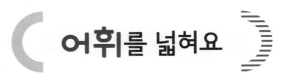
**01** 빈칸에 들어갈 알맞은 어휘를 쓰시오.

**1** 양치질을 할 때 물을 컵에 담아 쓰면 물을 ▢▢ 할 수 있다.

**2** 콘센트에 쇠로 된 젓가락을 넣으면 ▢▢ 될 수 있으니 조심해야 한다.

**02** 빈칸에 공통으로 들어갈 알맞은 어휘를 쓰시오.

- 필요하지도 않은 옷을 많이 사서 돈을 ▢▢ 했다.

- 시험이 얼마 남지 않았으니 노는 데에 시간을 ▢▢ 하지 않겠다.

- 학용품을 아껴 쓰지 않고 ▢▢ 한다고 부모님께 꾸지람을 들었다.

**03** 다음은 '점검'의 뜻이다. 빈칸에 공통으로 들어갈 말로 알맞은 것은? ✎

빠짐없이 모두 ▢▢ 하다. 또는 그런 ▢▢

① 인정　　② 검사　　③ 구분　　④ 잘못　　⑤ 발휘

**04** 빈칸에 '전기 전(電)' 자가 들어간 어휘를 쓰시오.

**1** 전선에 전▢ 가 흐르자 전구에 불이 들어왔다.

전기가 흐르는 현상이나 그 정도

**2** 새벽에 전▢▢ 가 울리는 소리에 잠에서 깼다.

전기를 이용하여 말소리를 보내 멀리 떨어져 있는 사람이 서로 이야기할 수 있게 만든 기계

**05** 【보기】를 보고, 밑줄 그은 어휘의 '-하다'를 '-되다'로 바꾸어 빈칸에 알맞게 쓰시오.

> **보기**
>
> '-되다'는 사람이나 사물이 다른 힘에 의해서 움직이게 된다는 뜻을 더하는 말이다.
>
> | 돈을 <u>사용하다</u>. | → | 돈이 이웃 돕기에 <u>사용되다</u>. |
>
> 일정한 목적이나 기능에 맞게 쓰다.　　　일정한 목적이나 기능에 맞게 쓰이다.

**1** 종이를 함부로 <u>낭비하다</u>. → 종이가 함부로 [　　　　].

**2** 방을 깔끔하게 <u>정돈하다</u>. → 방이 깔끔하게 [　　　　].

**3** 그림을 미술관에 <u>전시하다</u>. → 그림이 미술관에 [　　　　].

**06** 다음 속담이 말하고자 하는 내용으로 알맞은 것은?　　[✎　　]

> "기와 한 장 아끼다가 대들보 썩힌다"라는 속담이 있다. '대들보'는 한옥에서 중심이 되는 기둥과 기둥을 연결하기 위해 그 사이에 가로질러 놓는 큰 기둥을 말한다. 집을 지을 때, 기와 한 장 값을 아끼겠다고 기와를 뺐다가 빗물이 새면 집을 받치는 대들보가 썩어 더 큰돈이 들기 마련임을 나타낸다.

① 시간을 헛되이 써서는 안 된다.
② 아끼고 아끼면 큰돈을 모을 수 있다.
③ 요령을 피우며 일하는 것도 필요하다.
④ 물건을 너무 아끼기만 하다가는 못 쓰게 된다.
⑤ 작은 것을 아끼려다가 오히려 큰 손해를 볼 수 있다.

**07** 밑줄 그은 부분에 들어갈 한자 성어로 알맞은 것에 ✓표를 하시오.

> 민정: 준비 다 됐지? 이제 출발하자.
> 준호: 잠깐만. 집에서 나오기 전에 전등이랑 보일러 다 껐지? 가스 밸브는 잠갔는지 점검했어? 갑자기 기억이 안 나네.
> 민정: 그렇게 ＿＿＿＿＿＿＿＿ 하지 말고 집에 다시 가서 확인해 보지 그래?

☐ 노심초사(勞心焦思)
몹시 마음을 쓰며 애를 태우다.

☐ 일희일비(一喜一悲)
한편으로는 기쁘고 한편으로는 슬프다.

☐ 절치부심(切齒腐心)
몹시 분하여 이를 갈고 마음을 썩이다.

**08~10** 다음 글을 읽고, 물음에 답하시오.    과학 전기

> 전기는 우리 생활을 편리하게 해 주는 고마운 존재이다. 하지만 전기를 안전하게 사용하지 않으면 화재나 감전 등의 사고가 날 수 있다. 전기를 안전하게 사용하려면 어떻게 해야 할까? 물이 묻은 손으로 플러그를 만지면 감전될 수 있으므로 꼭 물기를 닦고 플러그를 꽂는다. 욕실 등 물기가 많은 장소에서는 전기 기구를 사용하지 않는다. 또한 하나의 콘센트에 여러 개의 플러그를 꽂아 쓰지 않고, 플러그를 뽑을 때에는 전선을 잡아당기지 않는다.
>
> 전기는 우리 생활에 꼭 필요하지만 전기를 만드는 과정에서 많은 에너지가 사용되고 환경도 오염된다. 그래서 전기를 절약하는 것이 중요하다. 사용하지 않는 전기 제품은 전원을 끄거나 플러그를 뽑아 두고, 전기가 낭비되는 곳이 있는지 자주 점검한다. 건물의 낮은 층은 엘리베이터를 타는 대신 계단을 이용하고, 여름이나 겨울에는 너무 춥거나 덥지 않게 냉난방을 한다. 스마트폰 등 전자 제품을 쓰지 않을 때에는 절전 기능을 켜는 것도 좋은 방법이다. 이처럼 생활 속에서 작은 것부터 실천하여 전기를 안전하고 알뜰하게 사용하자.

**08** 이 글의 핵심 내용을 파악하여 빈칸에 들어갈 알맞은 말을 쓰시오.

{ 전기를 안전하게 사용하고 □□ 하는 방법 }

**09** 전기를 절약하는 방법으로 알맞지 않은 것은?    [ ✎    ]

① 여름에는 가장 낮은 온도로 에어컨을 켠다.
② 건물의 낮은 층은 되도록 계단을 이용한다.
③ 전기가 낭비되는 곳이 있는지 자주 점검한다.
④ 스마트폰을 쓰지 않을 때에는 절전 기능을 켠다.
⑤ 사용하지 않는 전기 제품은 플러그를 뽑아 둔다.

**10** 전기를 안전하게 사용하고 있지 않은 사람을 쓰시오.

> 혜윤: 나는 물이 묻은 손으로 플러그를 만지지 않아.
> 슬기: 나는 플러그 전선을 잡아당기지 않고 조심해서 천천히 뽑아.
> 지우: 나는 콘센트가 부족해서 한 콘센트에 여러 개의 플러그를 꽂아서 써.

[ ✎    ]

국어 문학

# 09 인물의 삶을 기록한 글

저 성악가의 목소리는
정말 남달라.

노래를 하는 데 일생을
바쳤대. 후세에도 꼭
알려야 해.

저런 성악가가 한국에
실재한다는 게 놀라워.

## 남다르다

보통의 사람과 유난히 다르
다.

## 일생

| 한 번 | 일 一 |
| 살다 | 생 生 |

세상에 태어나서 죽을 때까
지의 동안

## 후세

| 뒤 | 후 後 |
| 세대 | 세 世 |

다음에 오는 세상 또는 지금
사는 사람들보다 다음에 살
아갈 사람들

## 실재

| 실제 | 실 實 |
| 있다 | 재 在 |

실제로 존재하다.

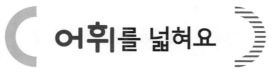

**01** 밑줄 그은 내용과 바꾸어 쓸 수 있는 어휘를 빈칸에 쓰시오.

**1** 외계인은 <u>실제로</u> 존재할까?

↳ ☐☐

**2** 보라의 패션 감각은 <u>보통의 사람과 유난히 다르다.</u>

↳ ☐☐☐☐

**02** 빈칸에 들어갈 어휘로 알맞지 <u>않은</u> 것을 골라 ✔표를 하시오.

이번에 미국 여행을 가게 된 것은 [        ] 에 한 번 있을까 말까 한 기회이다.

☐ 일생  ☐ 평생  ☐ 생애  ☐ 순간

**03** 다음 표에서 뜻이 비슷한 어휘를 골라 ○표를 하시오.

**1** 남다르다

◀ 비슷한 뜻

무난하다 | 특별하다 | 수상하다

**2** 후세

◀ 비슷한 뜻

과거 | 현재 | 미래

**04** '실(實)' 자가 들어간 보기의 어휘 중 빈칸에 알맞은 어휘를 골라 쓰시오.

**보기**
- 실행(실제 實, 행하다 行): 생각이나 계획을 실제로 행하다.
- 실현(실제 實, 나타나다 現): 꿈, 기대 따위를 실제로 이루다.
- 실습(실제 實, 익히다 習): 배운 기술이나 지식을 실제로 해 보고 익히다.

**1** 그토록 바랐던 꿈이 [        ] 되어 기쁘다.

**2** 학교에서 배운 요리를 집에서 [        ] 해 보았다.

**3** 민수는 머릿속으로 생각했던 계획을 [        ] 에 옮겼다.

## 05 보기를 보고, 빈칸에 '실제' 또는 '실재'를 넣어 문장을 완성하시오.

> **보기**
>
> '실제(實際)'는 '사실의 경우나 형편' 또는 '거짓이나 상상이 아니고 현실적으로'라는 뜻으로 '사실'에 초점을 둔다. 반면 '실재(實在)'는 '사실로서 현실에 존재한다.'라는 뜻으로, '존재'에 초점을 둔다.

**1** 아버지는 ⬚⬚⬚⬚⬚ 나이보다 젊어 보이신다.

**2** 구미호는 ⬚⬚⬚⬚⬚ 하지 않는 전설 속 동물이다.

**3** 이 영화는 ⬚⬚⬚⬚⬚ 있었던 일을 바탕으로 제작했다.

## 06 밑줄 그은 속담의 뜻으로 알맞은 것은? [✎  ]

> 기하: 오늘 뉴스 봤어? 어려운 이웃을 돕는 데 앞장섰던 분이 돌아가셨대.
> 진우: "호랑이는 죽어서 가죽을 남기고 사람은 죽어서 이름을 남긴다"라고 했지. 그분의 이름은 후세에 오래도록 기억될 거야.

① 사람은 언젠가는 죽기 마련이다.
② 후세에 이름을 남기는 것만이 중요하다.
③ 후세 사람들은 돌아가신 분들의 이름을 늘 기억하려 애쓴다.
④ 일생에 보람 있는 일을 해 놓아야 후세에 명예를 떨칠 수 있다.
⑤ 사람이 이름을 남기는 것보다 호랑이가 가죽을 남기는 것이 더 귀하다.

## 07 다음 한자 성어를 활용한 문장으로 알맞은 것은? [✎  ]

> '군계일학(群鷄一鶴)'은 닭의 무리 가운데에서 한 마리의 학이라는 뜻으로, 많은 사람들 가운데에서도 남다르게 뛰어난 인물을 이르는 말이다.

① 반장은 워낙 고집이 세서 군계일학이라는 별명이 붙었다.
② 거짓말을 하고도 표정 하나 변하지 않다니 정말 군계일학이구나.
③ 군계일학이라고, 험한 말을 많이 하는 친구는 가까이 두지 말거라.
④ 두 사람의 달리기 실력은 군계일학이라서 결과를 예측하기 어렵다.
⑤ 민수는 신입 농구부원 중 군계일학이라고 할 정도로 실력이 뛰어났다.

**08~10** 다음 글을 읽고, 물음에 답하시오. 　　国어 문학

　어떤 인물의 삶, 업적, 성품 등을 사실에 바탕해 쓴 글을 ㉠전기문이라고 한다. 전기문은 한 인물의 출생부터 죽음에 이르기까지의 일생 전체를 다루기도 하고, 인물의 삶 가운데 중요한 사건만을 다루기도 한다.

　전기문의 특징은 첫째, 사실을 표현한다. 전기문의 주인공은 역사 속에 실재했던 인물이므로 전기문 속 인물, 사건, 배경 등은 사실을 바탕으로 쓴다. 둘째, 읽는 이에게 감동과 교훈을 준다. 살면서 남다른 활동을 하고 크고 작은 업적을 쌓은 인물의 이야기는 몇 백 년이 지난 후세에도 전해 내려와 읽는 이에게 감동과 교훈을 준다. 셋째, 인물이 살았던 시대 상황이 나타난다. 따라서 전기문을 읽으면 인물이 살았던 때의 사회적, 역사적, 공간적 환경뿐 아니라 인물의 가족이나 고향과 같은 개인적 환경도 알 수 있다. 넷째, 인물이 한 일과 가치관이 드러난다. 인물과 관련된 흥미 있는 이야기인 일화를 소개하여 인물이 어떤 활동을 하고 무엇을 중요하게 여겼는지를 보여 준다.

**08** 이 글의 핵심 내용을 파악하여 빈칸에 들어갈 알맞은 말을 쓰시오.

{ ☐☐☐의 뜻과 네 가지 특징 }

**09** ㉠과 같은 글에 대한 설명으로 알맞지 <u>않은</u> 것은? 　　[ 　　 ]

① 사실을 바탕으로 쓴 글이다.
② 인물, 사건, 배경이 드러난다.
③ 인물이 한 일과 가치관이 드러난다.
④ 실제로 존재했던 사람을 주인공으로 한다.
⑤ 인물의 출생부터 죽음까지 세세한 일이 모두 드러난다.

**10** 이 글을 읽고 난 뒤의 반응을 알맞게 말한 사람을 쓰시오.

지아: 전기문에는 인물의 업적을 최대한 부풀리고 좋은 면만 쓰는 게 좋겠어.
강민: 전기문에 당시의 시대 상황이 나오는 건 좋지만, 가족이나 고향과 같은 개인적인 환경은 필요 없는 내용이니 빼는 게 좋겠어.
송희: 전기문을 읽고 나도 주인공처럼 훌륭한 사람이 되어야겠다고 생각한 적이 있어. 전기문이 읽는 이에게 감동과 교훈을 준다는 특징이 있어서 그랬나 봐.

[ 　　 ]

수학 도형

# 10 블록을 이용한 게임

우주

## 맞닿다

둘 이상의 것이 마주 닿다.

## 무작위

| 없다 | 무 | 無 |
|------|-----|-----|
| 일어나다 | 작 | 作 |
| 하다 | 위 | 爲 |

일어날 수 있는 모든 일이 같은
가능성으로 일어나게 하다.

이 그림은 물감을
무작위로 뿌린 것
같아.

관람객분들은 서로
맞닿지 않게 거리를
두고 관람해 주세요.

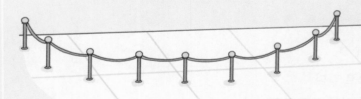

## 메우다

뚫려 있거나 비어 있는 곳을
막거나 채우다.

## 단순

| 하나 | 단 | 單 |
|------|-----|-----|
| 오로지 | 순 | 純 |

복잡하지 않고 간단하다.

캔버스를 가득 메우지
않아 단순하면서도
아름다워.

**01** 밑줄 그은 내용과 바꾸어 쓸 수 있는 어휘를 빈칸에 쓰시오.

> 할 일이 많을 때는 <u>복잡하지 않고 간단하게</u> 생각하는 것도 하나의 방법이다.
> ↳ ☐☐하게

**02** 빈칸에 들어갈 알맞은 어휘를 쓰시오.

> 현아: 백화점에서 이벤트로 경품을 준다던데, 당첨자는 어떻게 결정하는 거지?
> 규현: 이름을 적으면 ☐☐☐로 다섯 명을 뽑는대. 운이 좋으면 당첨될 수 있어.

**03** 밑줄 그은 어휘와 뜻이 비슷한 어휘를 골라 ○표를 하시오.

**1** 친구와 나란히 걸으니 가방과 가방이 <u>맞닿았다</u>.

↳ ( 맞섰다 | 맞붙었다 | 맞잡았다 )

**2** 아버지는 굵은 통나무를 층층이 얹고 그 틈을 흙으로 <u>메웠다</u>.

↳ ( 옮겼다 | 걸쳤다 | 채웠다 )

**04** '없다 무(無)' 자가 들어간 보기 의 어휘 중 빈칸에 알맞은 어휘를 골라 쓰시오.

> **보기**
> 무료(無料)　　　무책임(無責任)　　　무질서(無秩序)

**1** 창고에 오래된 책들이 ☐☐☐☐하게 쌓여 있다.
　　　　　　　질서가 없다.

**2** 어린이날을 맞이하여 놀이 공원을 ☐☐☐☐로 열었다.
　　　　　　　요금이 없다.

**3** 아르바이트생이 ☐☐☐☐하게 연락도 없이 안 나왔다.
책임감이 없다.

**05** 보기 를 보고, 문장에 알맞은 어휘를 괄호 안에서 골라 ○표를 하시오.

보기

| 메다 | : ㉠ 뚫려 있거나 비어 있는 곳이 막히거나 채워지다. |
| | ㉡ 어깨에 걸치거나 올려놓다. |
| 매다 | : 줄이나 끈 따위가 풀어지지 않도록 양쪽 끝을 서로 감아서 잡아 묶다. |

**1** 밥을 급하게 먹어서 목이 ( 멘다 | 맨다 ).

**2** 자동차에 타면 가장 먼저 안전띠부터 ( 메도록 | 매도록 ) 하렴.

**3** 수업을 마친 아이들이 가방을 ( 메고 | 매고 ) 교실 문을 나섰다.

**06** 밑줄 그은 어휘는 '마주' 또는 '서로 엇비슷하게'의 뜻을 더하는 '맞-'이 들어간 것이다. 각 어휘의 뜻을 보기 에서 골라 알맞은 기호를 쓰시오.

보기

㉠ 서로 마주 닿게 하다.
㉡ 물건을 양쪽에서 마주 들다.
㉢ 더 보태거나 빼지 않고 어떤 것을 주고 다른 것을 받다.

**1** 다 읽은 책은 서로 <u>맞바꾸어</u> 읽자. [ ✎       ]

**2** 어머니와 나는 무거운 시장바구니를 <u>맞들었다.</u> [ ✎       ]

**3** 우리는 책상 두 개를 서로 <u>맞대어</u> 놓고 공부를 했다. [ ✎       ]

**07** 다음 한자 성어를 활용한 문장으로 알맞지 <u>않은</u> 것은? [ ✎       ]

'단도직입(單刀直入)'은 칼 한 자루를 들고 곧장 들어간다는 뜻으로, 주로 말을 할 때 핵심만 빠르고 단순하게 말하는 것을 이른다.

① <u>단도직입</u>으로 말해서, 나는 네가 좋다.

② 때로는 <u>단도직입</u>으로 말하는 것이 돌려 말하는 것보다 낫다.

③ 내 가방에 우유를 엎은 사람이 네가 맞는지 <u>단도직입</u>으로 묻겠어.

④ 연호는 여러 말을 하는 것이 지루하다는 듯이 <u>단도직입</u>으로 말했다.

⑤ 집이 어디냐는 질문에 지수는 하늘이 참 푸르다고 <u>단도직입</u>으로 말했다.

08~10 다음 글을 읽고, 물음에 답하시오. 수학 도형

테트리스는 정사각형 네 개를 변끼리 맞닿게 붙여서 만든 테트로미노 블록들을 쌓는 게임이다. 게임의 규칙은 간단하다. 위에서 떨어지는 블록들을 밀거나 돌려서 빈틈없이 한 줄을 만들면 된다. 가로 한 줄을 채우면 점수를 얻고, 그 줄은 없어진다. 빈틈을 메우지 못해 블록들이 계속 쌓여서 꼭대기까지 가득 차면 게임은 끝난다. 단순해 보이지만 블록들이 무작위로 나오기 때문에 생각처럼 쉽지 않다.

정사각형 네 개를 변끼리 맞닿게 붙여서 만들 수 있는 서로 다른 모양은 아래 그림처럼 모두 다섯 개다. 하지만 테트리스에서는 일곱 개 모양의 테트로미노가 쓰인다. 이것은 테트리스에서 '밀기'와 '돌리기'는 할 수 있지만 어느 한 직선을 중심으로 하여 접었을 때 포개어지도록 이동하는 '뒤집기'는 할 수 없기 때문이다. 아래 그림에서 위의 세 개는 좌우로 뒤집기를 해도 블록의 모양이 같지만, 아래의 두 개는 모양이 달라진다. 이렇게 기본 모양에서 뒤집기를 해서 만들 수 있는 두 개를 더하여 일곱 개의 테트로미노가 만들어진 것이다.

08 이 글의 핵심 내용을 파악하여 빈칸에 들어갈 알맞은 말을 쓰시오.

{ 테트리스 게임의 ☐☐과 게임에 쓰이는 블록들 }

09 테트리스 게임에 대한 설명으로 알맞지 <u>않은</u> 것은? [✎    ]

① 블록의 모양에 따라 나오는 순서가 있다.
② 블록들이 꼭대기까지 차면 게임이 끝난다.
③ 블록들로 빈틈없이 가로 줄을 채우면 점수를 얻는다.
④ 정사각형 네 개로 이루어진 테트로미노 블록을 사용한다.
⑤ 위에서 떨어지는 블록들을 밀거나 돌려서 빈틈없이 쌓는 게임이다.

10 다음 테트로미노를 주어진 점선을 기준으로 '뒤집기'했을 때의 모양으로 알맞은 것은? [✎    ]

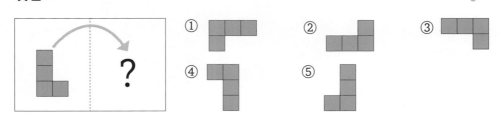

과학 생물

# 세상에서 제일 큰 꽃

## 풍기다

냄새가 나다. 또는 냄새를 퍼뜨리다.

## 유인

| 꾀다 | 유 | 誘 |
| 이끌다 | 인 | 引 |

주의나 흥미를 일으켜 꾀어 내다.

## 분포

| 나누다 | 분 | 分 |
| 펴다 | 포 | 布 |

일정한 범위에 흩어져 퍼져 있다.

## 독특

| 홀로 | 독 | 獨 |
| 특별하다 | 특 | 特 |

특별하게 다르다.

48

# 어휘를 넓혀요

정답과 해설 16쪽

## 01 빈칸에 공통으로 들어갈 어휘로 알맞은 것은? [✎    ]

- 우리 시에는 유적지가 곳곳에 [        ]해 있다.
- 옛날과 오늘날의 인구 [        ]에는 차이가 있다.

① 분명     ② 분량     ③ 분포     ④ 배포     ⑤ 체포

## 02 다음 표에서 뜻이 비슷하거나 반대되는 어휘를 골라 ○표를 하시오.

**1**

유인하다

＜비슷한 뜻

꾀어내다 | 쫓아내다 | 찾아내다

**2**

독특하다

＜반대의 뜻

색다르다 | 특이하다 | 평범하다

## 03 밑줄 그은 어휘의 뜻을 보기에서 골라 알맞은 기호를 쓰시오.

보기

㉠ 어떤 분위기가 나다.
㉡ 냄새가 나다. 또는 냄새를 퍼뜨리다.
㉢ 곡식의 껍질, 마른 풀, 낙엽, 먼지 따위가 날리다.

**1** 시골길에 버스가 지나가자 먼지가 <u>풍겼다</u>. [✎    ]

**2** 소풍을 앞둔 동생의 목소리에서 기대감이 <u>풍겼다</u>. [✎    ]

**3** 부엌에서 엄마가 나물을 무치는지 고소한 참기름 냄새가 <u>풍긴다</u>. [✎    ]

## 04 빈칸에 '나누다 분(分)' 자가 들어간 어휘를 쓰시오.

**1** 먼저 사건의 원인이 무엇인지 [분][  ]해 보자.

복잡하게 얽힌 현상이나 사물을 여러 요소나 성질로 나누다.

**2** 아버지는 쓰레기통에서 재활용할 쓰레기를 [분][  ]하셨다.

서로 나뉘어 떨어지게 하다.

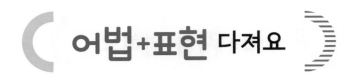

**05** 괄호 안에서 표기가 바른 것을 골라 ○표를 하시오.

**1** 오랜만에 선생님을 ( 뵈서 ┆ 봬서 ) 좋았습니다.

**2** 병원에 입원한 친구가 ( 걱정되서 ┆ 걱정돼서 ) 병문안을 갔다.

**3** 지호는 성품이 곧고 생각이 뚜렷해서 ( 꾀어내기가 ┆ 꽤어내기가 ) 쉽지 않다.

**06** 밑줄 그은 관용 표현의 뜻으로 알맞은 것은? [✎  ]

> 기자: 온 나라를 떠들썩하게 한 사건의 범인을 아직 잡지 못했습니까?
> 경찰: 경찰이 뒤를 좇고 있다는 냄새를 맡았는지 며칠째 보이지 않습니다. 지금 모든 방법을 이용해 범인의 행방을 찾고 있습니다.

① 활동 범위가 넓다.
② 갑자기 정신이 들다.
③ 어떤 일의 낌새를 눈치채다.
④ 잔뜩 겁을 먹어 기를 못 쓰다.
⑤ 부끄러움을 모르고 염치가 없다.

**07** 다음 한자 성어를 활용한 문장으로 알맞지 **않은** 것은? [✎  ]

| 風 | 飛 | 雹 | 散 |
|---|---|---|---|
| 바람 풍 | 날다 비 | 우박 박 | 흩뜨리다 산 |

'풍비박산'은 바람에 날려 우박이 이리저리 흩어지듯이, 어떤 일 때문에 엉망으로 깨져 사방으로 날아 흩어지는 모습을 나타낸다.

① 태풍이 지나가자 마을이 온통 풍비박산이 되었다.
② 아버지의 사업이 실패하면서 우리 집안은 풍비박산이 되었다.
③ 트럭이 뒤집히자 뒤에 실려 있던 짐들이 풍비박산이 되어 뒹굴었다.
④ 전쟁이 일어나 온 가족이 풍비박산이 됐다가 십 년 만에 다시 만났다.
⑤ 허허벌판이었던 곳에 아파트가 빈틈없이 들어서서 풍비박산이 되었다.

08~10 **다음 글을 읽고, 물음에 답하시오.** 과학 생물

어린아이의 키만 한 커다란 꽃이 있다면 믿을 수 있는가? 인도네시아의 보르네오섬과 수마트라섬의 숲에 분포하는 라플레시아는 지름이 1미터가 넘는, 세상에서 가장 큰 꽃이다. 꽃잎은 다섯 개로, 색깔은 붉은색 또는 자줏빛이 도는 갈색이고 얼룩무늬가 있다. 라플레시아의 커다란 꽃은 피는 데만 한 달이 걸리는데, 꽃은 일주일 정도 피었다가 까맣게 시들어 버린다. 라플레시아는 잎, 뿌리, 줄기가 없기 때문에 다른 식물의 뿌리나 줄기에 붙어서 영양분을 빨아들인다. 라플레시아는 냄새도 독특하여 다른 꽃과는 달리 고약한 냄새를 풍긴다. 고기가 썩는 것 같은 이 냄새로 파리를 비롯한 곤충들을 유인하여 꽃가루를 옮기는 것이다.

이 신기한 꽃은 1818년 수마트라의 정글에서 발견되어 서양에 소개되었다. 라플레시아라는 이름은 그때의 탐험 대장이었던 토마스 스탬포트 래플스의 이름을 딴 것이다. 지금까지 발견된 라플레시아 가운데 가장 큰 것은 2020년 수마트라에서 피어난 지름 111센티미터의 꽃이다.

**08** **이 글의 핵심 내용을 파악하여 빈칸에 들어갈 알맞은 말을 쓰시오.**

'라플레시아'라는 ☐ 의 특징과 이름이 지어진 이야기

**09** **라플레시아에 대한 설명으로 알맞지 않은 것은?** [✎    ]

① 꽃이 피는 데 한 달이 걸린다.
② 한 번 핀 꽃은 몇 달 동안 시들지 않는다.
③ 다른 식물의 뿌리나 줄기에서 영양분을 빨아들인다.
④ 꽃을 발견한 탐험 대장의 이름을 따서 이름이 붙여졌다.
⑤ 인도네시아의 보르네오섬과 수마트라섬의 숲에 분포한다.

**10** **라플레시아가 고약한 냄새를 풍기는 까닭으로 알맞은 것은?** [✎    ]

① 적들을 쫓아내기 위해서
② 곤충을 유인해 잡아먹기 위해서
③ 곤충을 유인해 꽃가루를 옮기기 위해서
④ 자신이 꽃이라는 사실을 숨기기 위해서
⑤ 주변에 다른 식물이 자라지 못하게 하기 위해서

## 12 모두 함께 사는 세상

사회 사회·문화

### 그치다

더 이상 일의 진행이나 발전이 없이 어떤 상태에 머무르다.

현재에 그치지 않고 더 나은 실력을
보여 드리겠습니다.

### 차별

| 다르다 | 차 差 |
| 나누다 | 별 別 |

둘 이상의 대상을 등급이나 수준의 차이를 두어서 구별하다.

김정 선수가 동양인 차별을
이겨 내고 세계 최고의
자리에 올랐습니다.

동양인은 실력이 떨어진다는
편견을 허물었습니다.

### 편견

| 치우치다 | 편 偏 |
| 보다 | 견 見 |

공정하지 못하고 한쪽으로 치우친 의견이나 생각

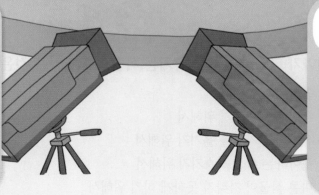

### 허물다

마음속에 이미 있는 생각이나 믿음 따위를 없애다. 또는 쌓여 있는 것을 헐어서 무너뜨리다.

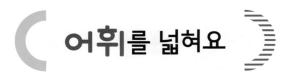

**01** 밑줄 그은 내용과 바꾸어 쓸 수 있는 어휘를 빈칸에 쓰시오.

**1** 너는 공정하지 못하고 한쪽으로 치우친 생각에 빠져 있구나.
↳ ☐☐

**2** 성별에 따라 차이를 두어서 구별해서 대하는 것은 옳지 않다.
↳ ☐☐해서

**02** 밑줄 그은 어휘의 뜻을 보기 에서 골라 알맞은 기호를 쓰시오.

보기
㉠ 마음속에 이미 있는 생각이나 믿음 따위를 없애다.
㉡ 쌓여 있는 물건이나 지어져 있는 건축물 등을 무너뜨리다.

**1** 집을 새로 짓기 위해 먼저 벽을 허물었다. [ ✎    ]
**2** '민수는 사고뭉치'라는 생각을 허물고 나니 민수의 좋은 점이 보였다. [ ✎    ]

**03** 밑줄 그은 어휘와 뜻이 비슷한 어휘를 골라 ✓표를 하시오.

우리가 한 일이 헛수고에 그치지 않기를 바라며 과제를 제출했다.

☐ 나아가지    ☐ 계속하지    ☐ 머무르지    ☐ 미끄러지지

**04** 빈칸에 '치우치다 편(偏)' 자가 들어간 어휘를 쓰시오.

**1** 할아버지께서는 누나나 형보다 나를 ☐편☐☐ 하셨다.
어느 한 사람이나 한쪽만을 치우치게 사랑하다.

**2** 나는 ☐편☐☐ 이 심해서 고기반찬이 없으면 밥 먹기가 싫다.
자기가 좋아하는 몇 가지 음식만 가려서 즐겨 먹다.

# 어법+표현 다져요

**05** 보기를 보고, 문장에 알맞은 어휘를 괄호 안에서 골라 ○표를 하시오.

> **보기**
>
> **그치다** : 더 이상 일의 진행이나 발전이 없이 어떤 상태에 머무르다.
>
> **그르치다** : 잘못하여 어떤 일이 안 되게 하다.

**1** 생각에만 ( 그치지 | 그르치지 ) 말고 행동으로 실천하자.

**2** 작은 일에 매달리다가 큰일을 ( 그치지 | 그르치지 ) 않았으면 한다.

**3** 우리 반은 축구 결승전에서 1점 차이로 져서 준우승에 ( 그쳤다 | 그르쳤다 ).

**06** 밑줄 그은 어휘 가운데 보기처럼 '-기'를 떼어 나눌 수 없는 것은?  [  ]

> **보기**
>
> 담을 허물기를 바란다.
> ↳ 허물(다) + -기

① 밥을 먹기가 싫다.
② 사람이 많기도 하다.
③ 한글은 배우기가 쉽다.
④ 비가 내리기를 기다렸다.
⑤ 자장면을 곱빼기로 시켰다.

**07** 밑줄 그은 부분에 들어갈 속담으로 알맞은 것은?  [ ✎        ]

> 우리말 속담에 남성과 여성을 차별하는 내용을 담은 것들이 있다. "암탉이 울면 집안이 망한다"는 여자가 자기주장을 하면 일을 망친다는 편견을, "남자는 태어나 세 번 운다"는 남자는 울면 안 된다는 편견을 보여 준다. 하지만 "_____"라는 속담이 있듯이 남성과 여성은 모두 평등한 존재임을 잊지 않아야 한다.

① 사람은 지내봐야 안다
② 사람이 죽으란 법은 없다
③ 사람은 늙어 죽도록 배운다
④ 사람 나고 돈 났지 돈 나고 사람 났나
⑤ 사람 위에 사람 없고 사람 밑에 사람 없다

08~10 다음 글을 읽고, 물음에 답하시오.　사회 사회·문화

> 선생님: 여기 아주 낮은 문턱이 있어요. 이 낮은 문턱도 휠체어를 타는 사람이나 나이가 많
> 은 어르신들에게는 커다란 장애물이 될 수 있어요. 하지만 이런 문제를 해결하기 위해
> '배리어 프리(barrier free)'가 시작되었고, 지금도 활발히 진행되고 있어요.
>
> 수지: 선생님, '배리어 프리'가 뭐예요?
>
> 선생님: '배리어 프리'란 '장벽이 없는, 장애물이 없는'을 뜻하는 말로, 모두가 차별 없이 편하게
> 생활할 수 있게 '장벽, 장애물'을 없애는 운동을 의미해요. 계단을 오르내리기 힘든 사람
> 들을 위해 계단 옆에 비탈진 길을 만들고, 시청각 장애인이 쉽게 길을 찾을 수 있도록 점
> 자(시각 장애인용 문자)와 음성 안내 서비스를 지원하는 것 등이 있어요.
>
> 연호: 시설을 고치는 데 그칠 것이 아니라 모두에게 기회를 똑같이 주었으면 해요. 몸이 불편
> 하다고 해서 시험을 못 보게 하거나 일자리를 주지 않는 것도 보이지 않는 장벽이니까요.
>
> 선생님: 앞으로 '배리어 프리'가 널리 퍼져서 눈에 보이는 장벽뿐만 아니라 노인이나 장애인
> 에게 가지는 편견 등 마음의 장벽까지 허물기를 바라요.

**08** 이 글의 핵심 내용을 파악하여 빈칸에 들어갈 알맞은 말을 쓰시오.

{ '☐☐☐☐☐'의 필요성과 구체적인 예 }

**09** 이 글을 읽고 답할 수 있는 질문으로 알맞은 것은? [✎ ]

① '배리어 프리'의 뜻은?　　　　　② '배리어 프리'가 시작된 해는?

③ '배리어 프리'를 처음 만든 사람은?　④ '배리어 프리'를 가장 잘 실천하는 나라는?

⑤ '배리어 프리'를 진행할 때 가장 힘든 점은?

**10** 이 글로 보아, '배리어 프리'의 예로 알맞지 <u>않은</u> 것은? [✎ ]

① 문을 여닫기 힘든 사람을 위해 자동문을 설치한다.

② 청각 장애인을 위해 영화 자막에 음악과 소리 정보를 넣는다.

③ 휠체어를 탄 사람을 생각하여 엘리베이터 버튼을 낮게 설치한다.

④ 회사에서 사람을 뽑을 때 무조건 나이가 가장 많은 지원자를 뽑는다.

⑤ 시각 장애인이 위치나 방향을 알 수 있도록 바닥에 점자 블록을 설치한다.

과학 생물

# 13 파스퇴르를 아시나요

## 이바지

도움이 되게 하다.

## 바치다

무엇을 위하여 모든 것을 아 끼없이 내놓거나 쓰다.

이 자전거를 사시면 감기 예방 효과가 입증된 비타민도 드립니다.

이 자전거의 개발자는 국민 건강에 이바지하고자 평생을 바쳤다고 합니다.

## 예방

| 미리 | 예 豫 |
|------|-------|
| 막다 | 방 防 |

질병이나 재해가 일어나기 전 에 미리 막다.

## 입증

| 세우다 | 입 立 |
|--------|-------|
| 증거 | 증 證 |

어떤 증거나 근거를 내세워 사실을 밝히다.

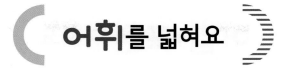
## 01 밑줄 그은 어휘의 뜻에 맞는 말을 괄호 안에서 골라 ○표를 하시오.

**1** 독서는 지식을 쌓는 데 <u>이바지한다</u>.

→ 뜻 ( 도움 | 중단 )이 되게 하다.

**2** 김밥 할머니는 평생을 <u>바쳐</u> 모은 돈을 장학 재단에 기부하셨다.

→ 뜻 무엇을 위하여 모든 것을 아낌없이 내놓거나 ( 쓰다 | 포기하다 ).

## 02 빈칸에 공통으로 들어갈 알맞은 어휘를 쓰시오.

• 배와 도라지는 감기를 ☐☐하는 데 효과적이다.

• 교통사고를 ☐☐하려면 비 오는 날에는 환한 색의 옷을 입는 것이 좋다.

## 03 밑줄 그은 어휘와 뜻이 비슷한 어휘를 괄호 안에서 골라 ○표를 하시오.

그는 자신의 주장이 맞다는 것을 <u>입증할</u> 자료를 제출했다.

↳ ( 증명 | 집중 )

## 04 빈칸에 '미리 예(豫)' 자가 들어간 어휘를 쓰시오.

**1** 그는 외출하기 전에 날씨 예☐ 를 확인했다.

앞으로 일어날 일을 미리 알다. 또는 그런 보도

**2** 우리 가족은 내일 강원도로 여행을 떠날 예☐ 이다.

앞으로 일어날 일이나 해야 할 일을 미리 정하거나 생각하다.

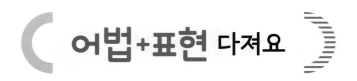

**05** 보기를 참고했을 때 밑줄 그은 어휘의 뜻이 나머지와 <u>다른</u> 것은?  [ ✎ ]

> 보기
>
> 밝히다
>
> ㉠ 불빛 따위로 어두운 곳을 환하게 하다.
> ㉡ 드러나지 않거나 알려지지 않은 사실, 내용, 생각 따위를 드러내 알리다.

① 경찰이 사고의 원인을 <u>밝히다</u>.
② 매표소에서 학생 신분임을 <u>밝히다</u>.
③ 선수가 경기에 불참 의사를 <u>밝히다</u>.
④ 그가 선생님을 찾아온 용건을 <u>밝히다</u>.
⑤ 해가 지자 촛불을 켜서 어둠을 <u>밝히다</u>.

**06** 괄호 안에서 띄어쓰기가 바른 것을 골라 ○표를 하시오.

**1** 친구에게 과자를 ( 아낌없이 | 아낌 없이 ) 나눠 주었다.

**2** ( 틀림없이 | 틀림 없이 ) 준비물을 챙겨 왔는데 보이지 않았다.

**3** 이 상품은 무척 저렴해서 ( 부담없이 | 부담 없이 ) 살 수 있어 좋다.

**07** 다음 속담의 뜻은 무엇인지 알맞게 선으로 이으시오.

**1** 설마가 사람 잡는다 •

• ㉠ 아무리 조심하여 감시하거나 예방하여도 갑자기 생기는 불행은 막기 어렵다.

**2** 지키는 사람 열이 도둑 하나를 못 당한다 •

• ㉡ 행운을 바라지 말고 있을 수 있는 모든 것을 생각하여 예방해 놓아야 한다.

정답과 해설 18쪽

**08~10** 다음 글을 읽고, 물음에 답하시오.

과학 생물

　미생물은 눈으로 볼 수 없는 아주 작은 생물로, 음식을 상하게 하거나 사람이나 동물의 몸속에 들어가 병들게 할 수도 있다. 1822년에 프랑스에서 태어난 루이 파스퇴르는 미생물의 정체를 밝히고, 미생물이 일으키는 질병에 대한 해결책을 찾는 데 평생을 바친 과학자다.

　파스퇴르는 포도주가 알 수 없는 이유로 상하는 것을 보고 원인을 밝히려 했다. 그는 실험을 반복하여 포도주가 공기 속에 있는 미생물과 접촉하면 상한다는 것을 입증했다. 그리고 미생물은 죽이면서 식품의 맛과 영양을 오래 유지할 수 있는 저온 살균법을 알아냈다. 또한 파스퇴르는 미생물에 들어 있는 질병을 일으키는 균을 분리해서 *배양한 뒤, 독성을 줄여 약하게 만들었다. 이것을 백신이라 부르는데, 백신의 발견을 통해 인류는 전염병을 예방하고 치료할 수 있게 되었다. 파스퇴르는 오늘날 과학과 의학 발전에 이바지한 업적을 인정받고 있다.

\* 배양(불리다 培, 기르다 養): 인공적인 환경을 만들어 동식물 세포와 조직의 일부나 미생물 따위를 가꾸어 기르다.

**08** 이 글의 핵심 내용을 파악하여 빈칸에 들어갈 알맞은 말을 쓰시오.

{ □□□을 연구한 파스퇴르 }

**09** 이 글의 내용으로 알맞지 <u>않은</u> 것은?　　　　　　　　　　[✎　　]

① 미생물은 크기가 아주 작아 눈으로 볼 수 없다.
② 파스퇴르는 미생물과 상관없이 포도주가 상한다고 생각했다.
③ 미생물은 음식물을 상하게 하거나 동물을 병들게 할 수 있다.
④ 파스퇴르는 미생물이 일으키는 질병에 대한 해결책을 찾는 데 노력했다.
⑤ 파스퇴르가 알아낸 저온 살균법은 식품의 맛과 영양을 오래 유지해 준다.

**10** 다음 설명에 해당하는 것을 찾아 쓰시오.

• 전염병을 예방하고 치료할 수 있게 하는 것이다.
• 파스퇴르가 질병을 일으키는 균의 독성을 줄여 약하게 만든 것이다.

[✎　　]

사회 경제

# 14 경제 활동을 해요

## 구입

| 사다 | 구 購 |
| 들이다 | 입 入 |

물건 따위를 사들이다.

## 한정

| 제한하다 | 한 限 |
| 정하다 | 정 定 |

수량이나 범위 따위를 제한하여 정하다. 또는 그런 한도

## 욕망

| 욕심 | 욕 慾 |
| 바라다 | 망 望 |

부족하다고 느껴 무엇을 가지거나 누리고자 욕심을 내다. 또는 그런 마음

## 반하다

| 반대하다 | 반 反 |

다른 것과 반대가 되다.

햄버거를 구입하고 장난감을 받았어. 무려 한정 판매야.

장난감에 대한 욕망이 정말 크구나. 그에 반해 공부에 대한 욕망은 하나도 없지?

# 어휘를 넓혀요

정답과 해설 19쪽

## 01 문장에 알맞은 어휘를 괄호 안에서 골라 ○표를 하시오.

1 수찬이는 공부를 잘하는데 ( 반하여 | 더하여 ) 운동은 못한다.

2 박물관의 관람 시간은 오후 6시까지로 ( 한정되어 | 포함되어 ) 있다.

## 02 다음 표에서 뜻이 비슷하거나 반대되는 어휘를 골라 ○표를 하시오.

1

욕망

⎯⎯⎯ 비슷한 뜻

| 만족 | 불만 | 욕심 |

2

구입하다

⎯⎯⎯ 반대의 뜻

| 사다 | 팔다 | 만들다 |

## 03 밑줄 그은 어휘의 뜻을 보기 에서 골라 알맞은 기호를 쓰시오.

보기

㉠ 다른 것과 반대가 되다.
㉡ 남의 의견이나 뜻을 거스르거나 어기다.
㉢ 어떤 사람이나 사물 따위에 마음이 끌리다.

1 부모님 뜻에 반하여 오락실을 가는 것은 옳지 않다. [✎      ]

2 동생은 조용한 성격인데 반해 언니는 활달한 성격이다. [✎      ]

3 후배는 선배가 기타를 치며 노래 부르는 모습에 반했다. [✎      ]

## 04 빈칸에 '제한하다 한(限)' 자가 들어간 어휘를 쓰시오.

1 경기 시간이 길어지자 선수들의 체력이 [한][  ]에 다다랐다.

힘이나 책임, 능력 따위가 다다를 수 있는 범위

2 어렵게 구한 뮤지컬 표가 [  ][한]이 지나서 쓸모없게 되었다.

미리 제한하여 정해 놓은 시기

**05** [ ] 안의 말 중에서 표기가 바른 것을 골라 ○표를 하시오.

**1** 동생은 그동안 모은 용돈으로 장난감을 마구 [ 사들였다 / 사드렸다 ].

**2** 우리와 다른 문화도 [ 받아들일 / 받아드릴 ] 줄 아는 자세가 필요하다.

**3** 나는 누나 방에 들어가기 전에 방문을 똑똑 하고 [ 두들였다 / 두드렸다 ].

**06** 밑줄 그은 부분과 뜻이 통하는 관용 표현으로 알맞은 것은?　　　　　　[✎　　]

> △△△ 햄버거 가게에서 지난달 한정으로 판매한 치치(치킨 치즈)버거가 큰 관심을 받고 있다. 치치버거의 인기가 좋아 엄청난 속도로 팔려 나갔기 때문이다. 안타깝게 치치버거를 먹지 못한 고객들의 요청에 따라 △△△에서는 준비 기간을 거쳐 치치버거를 정식 메뉴로 할 예정이라고 밝혔다.

① 날개를 펴다　　　　　　　　② 파리 날리다
③ 가시가 돋치다　　　　　　　④ 날개가 돋치다
⑤ 손사래를 치다

**07** 윤재가 겪은 일을 나타낼 수 있는 한자 성어로 알맞은 것에 ✓표를 하시오.

> 민정: 당분간 쇼핑 안 할 거라더니 요즘 유행하는 가방 샀네?
> 윤재: 가방을 살 생각은 없었어. 그런데 백화점에서 계속 보다 보니까 갖고 싶어지더라고. 그래서 하나 샀어.

| ☐ 사리사욕(私利私慾) | ☐ 계륵(鷄肋) | ☐ 견물생심(見物生心) |
|---|---|---|
| 자기 한 개인만을 위한 이익과 욕심 | 그다지 큰 소용은 없으나 버리기에는 아까운 것 | 물건을 실제로 보면 가지고 싶은 욕심이 생긴다. |

**08~10** 다음 글을 읽고, 물음에 답하시오.　　　　　사회 경제

　　경제 활동은 사람이 생활하는 데 필요한 것들을 생산하고 소비하는 과정에서 일어나는 모든 활동을 말한다. 생산 활동은 생활에 필요한 물건이나 서비스를 만드는 것이고, 소비 활동은 이것들을 구입하고자 돈을 쓰는 것이다. 생산 활동은 크게 자연에서 직접 생산물을 얻는 1차 산업(논밭에서 농작물을 재배하거나 바다에서 물고기를 잡는 일 등), 1차 산업에서 얻은 생산물을 가공하여 공장에서 다른 물건을 만들어 내는 2차 산업(생선으로 어묵을 만드는 일 등), 생활을 편리하게 해 주는 서비스를 제공하는 3차 산업(병원에서 환자를 치료하는 일 등)으로 나눌 수 있다.

　　사람의 욕망은 끝이 없는 데 반해 쓸 수 있는 돈이나 자원은 한정되어 있다. 소비 활동을 할 때 사람들은 무엇을 선택해야 할지 몰라 어려움을 겪기도 하는데, 잘못된 선택을 해서 후회하지 않으려면 현명한 선택을 해야 한다. 이를 위해서는 사려는 물건이 꼭 필요한지, 가격이 적당한지, 품질이 좋은지, 자신에게 만족감을 주는지 등을 꼼꼼하게 따져 보아야 한다.

**08** 이 글의 핵심 내용을 파악하여 빈칸에 들어갈 알맞은 말을 쓰시오.

{ □□□□ 의 뜻과 현명한 선택을 하는 방법 }

**09** 다음 중 경제 활동으로 보기 어려운 것은?

① 제과점에서 빵을 사는 일
② 동생에게 책을 읽어 주는 일
③ 농사를 지어 쌀을 수확하는 일
④ 공장에서 우유로 아이스크림을 만드는 일
⑤ 극장에서 배우가 관객들 앞에서 연극을 하는 일

**10** 물건을 살 때 현명한 선택을 하기 위해 따져 보아야 할 점이 아닌 것은?

① 물건의 품질이 좋은가?
② 물건의 가격이 적당한가?
③ 자신에게 꼭 필요한 물건인가?
④ 물건이 자신에게 만족감을 주는가?
⑤ 다른 사람들도 가지고 있는 물건인가?

과학 지구

# 15 물이 부족해요

## 보유

| | |
|---|---|
| 지키다 | 보 保 |
| 있다 | 유 有 |

가지고 있거나 간직하고 있다.

## 정화

| | |
|---|---|
| 깨끗하다 | 정 淨 |
| 되다 | 화 化 |

바람직하지 않거나 더러운 것을 깨끗하게 하다.

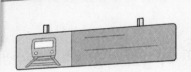

스위스는 참 아름다운 자연을 보유하고 있구나.

눈이 정화되는 기분이야.

당신을 스위스로 초대합니다.

스위스는 자원 남용 문제에 어떤 해결책을 갖고 있을까?

## 남용

| | |
|---|---|
| 넘치다 | 남 濫 |
| 쓰다 | 용 用 |

일정한 기준이나 한도를 넘어서 함부로 쓰다.

## 해결책

| | |
|---|---|
| 풀다 | 해 解 |
| 결정하다 | 결 決 |
| 꾀 | 책 策 |

어떠한 일이나 문제를 잘 처리하기 위한 방법

**01** 밑줄 그은 어휘의 뜻에 맞는 말을 괄호 안에서 골라 ○표를 하시오.

**1** 이 식물은 실내 공기를 <u>정화</u>해 준다.

→ 뜻 더러운 것을 ( 심해지게 │ 깨끗하게 ) 하다.

**2** 벌레를 없애겠다고 농약을 <u>남용</u>하면 생태계가 파괴된다.

→ 뜻 일정한 기준이나 한도를 넘어서 ( 함부로 │ 재빨리 ) 쓰다.

**02** 빈칸에 공통으로 들어갈 알맞은 어휘를 쓰시오.

- 민주의 스트레스 ☐☐☐ 은 낮잠을 자는 것이다.
- 장바구니를 사용하는 것은 일회용품 사용을 줄이기 위한 ☐☐☐ 이다.

**03** 밑줄 그은 어휘와 뜻이 비슷한 어휘로 알맞은 것은?  [✎    ]

우리 아버지는 수천 권의 책을 <u>보유</u>하고 있다.

① 팔고　　② 가지고　　③ 외우고　　④ 아끼고　　⑤ 채우고

**04** 빈칸에 '지키다 보(保)' 자가 들어간 어휘를 쓰시오.

**1** 남은 음식 재료를 그릇에 담아 냉장고에 보☐ 했다.

물건을 맡아서 간직해 두다.

**2** 겨울철 보☐ 을 위해서는 얇은 옷을 여러 겹 껴입는 것이 좋다.

주위의 온도에 관계없이 일정한 온도를 유지하다.

**05** [　　]안의 말 중에서 표기가 바른 것을 골라 ○표를 하시오.

**1** 남의 물건을 [ 함부로 / 함부러 ] 만지면 안 된다.

**2** 아침부터 내리던 비가 저녁이 되자 [ 비로소 / 비로서 ] 그쳤다.

**3** 지수는 공부하는 티를 내려고 [ 일부로 / 일부러 ] 큰 소리로 책을 읽었다.

**06** 밑줄 그은 부분에 들어갈 관용 표현으로 알맞은 것에 ✓표를 하시오.

> 지민: 새로 나온 스마트폰 봤어? 디자인도 예쁘고 기능도 좋더라. 정말 갖고 싶다.
> 유나: 엄청 비싸던데 우리가 살 수 있겠어? '_____'이지.

☐ 엎지른 물
한번 저지른 일은 다시 바로잡거나 되돌릴 수가 없다.

☐ 그림의 떡
아무리 마음에 들어도 실제로 쓸 수 없거나 가질 수 없다.

☐ 제 눈에 안경
보잘것없는 물건이라도 제 마음에 들면 좋게 보인다.

**07** 다음 한자 성어를 활용할 수 있는 상황으로 알맞은 것은? [ ✎　　]

| 過 | 猶 | 不 | 及 |
|---|---|---|---|
| 지나다 과 | 오히려 유 | 아니다 불 | 미치다 급 |

'과유불급'은 정도를 지나침은 미치지 못함과 같다는 뜻이다. 모든 것이 지나치거나 부족한 것 없이 적당해야 좋다는 내용을 전한다.

① 백 원, 이백 원씩 꾸준히 모았더니 큰돈이 되었다.
② 몸에 좋은 음식이라고 너무 많이 먹었다가 배탈이 났다.
③ 전쟁에서 승리한 장군이 환영을 받으며 고향으로 돌아왔다.
④ 포기하지 않고 끝까지 도전한 결과 결국 오디션에 합격했다.
⑤ 새해부터 일찍 일어나겠다는 결심을 얼마 안 가 못 지키고 말았다.

**08~10** 다음 글을 읽고, 물음에 답하시오.    과학 지구

지구의 $\frac{2}{3}$ 이상은 물로 둘러싸여 있는데 사람들은 물이 부족하다고 한다. 그 이유는 무엇일까? 지구상의 물 중 바닷물을 해수라고 하고, 빙하·지하수·호수와 강물 등은 담수라고 한다. 이중 우리가 이용할 수 있는 물은 담수 중에서도 빙하를 제외한 지하수, 호수와 강물뿐이다. 지구 전체 물의 양 중에서 해수가 97퍼센트를 차지하고, 담수는 3퍼센트밖에 되지 않기 때문에 우리가 실제로 쓸 수 있는 물의 양은 매우 적다. 게다가 인구가 증가하고 산업이 발달하면서 물이 남용되거나 오염되어 우리가 이용할 수 있는 물이 점점 더 부족해지고 있다.

물 부족에 대한 해결책으로 '해수 담수화 기술'이 있다. 해수 담수화 기술은 바닷물에서 소금 성분을 제거하여 먹는 물이나 생활용수로 바꾸는 것으로, 우리나라는 세계에서도 매우 우수한 해수 담수화 기술을 보유하고 있다. 빗물을 이용해 물을 절약하는 '빗물 저금통'도 있다. 빗물 저금통은 빗물을 통에 모아 두었다가 정화하여 이용하는 시설이다. 모아 둔 빗물은 화장실 변기 물로 쓰거나 텃밭과 화단을 가꿀 때, 청소할 때 등 다양하게 활용할 수 있다.

**08** 이 글의 핵심 내용을 파악하여 빈칸에 들어갈 알맞은 말을 쓰시오.

물이 부족한 까닭과 물 ☐☐ 을 해결하기 위한 방안

**09** 이 글에서 알 수 있는 내용으로 알맞은 것은?    [ ✎    ]

① 지구상의 물 중 빙하는 해수에 해당한다.
② 지구 전체 물의 양 가운데 해수의 양은 매우 적다.
③ 우리나라는 해수 담수화 기술을 가지고 있지 않다.
④ 해수 담수화 기술로 바닷물을 먹는 물로 바꿀 수 있다.
⑤ 인구가 증가해도 우리가 이용할 수 있는 물의 양은 충분하다.

**10** 빗물 저금통에 모은 빗물을 활용하는 예로 알맞지 **않은** 것은?    [ ✎    ]

① 전기를 만들어 낸다.    ② 동네 골목길을 청소한다.
③ 화장실 변기 물로 쓴다.    ④ 상추, 토마토 등을 키운다.
⑤ 아파트 화단에서 꽃을 기른다.

### 과학 빛

# 16 거울이 비추는 세계

머리를 부딪치지 않게 조심하세요.

## 부딪치다

무엇과 무엇이 매우 힘 있게 마주 닿거나 마주 대다. 또는 닿거나 대게 하다.

## 일정하다

| 하나 | 일 一 |
| 정하다 | 정 定 |

어떤 것의 크기, 모양, 범위, 시간 따위가 하나로 정해져 있다.

COFFEE

항상 일정한 시간에 오시네요?

화장실은 직진해서 2층으로 가세요.

아래에 담요가 비치되어 있습니다.

## 직진

| 곧다 | 직 直 |
| 나아가다 | 진 進 |

곧게 나아가다.

## 비치

| 갖추다 | 비 備 |
| 두다 | 치 置 |

마련하여 갖추어 두다.

**01** 밑줄 그은 내용과 바꾸어 쓸 수 있는 어휘를 빈칸에 쓰시오.

**1** 건물 안에 소화기를 항상 <u>갖추어</u> 두어야 한다.
↳ ☐☐해

**2** 이 길에서 앞으로 <u>곧게 나아가면</u> 우리 학교가 나온다.
↳ ☐☐하면

**02** 빈칸에 공통으로 들어갈 알맞은 어휘를 쓰시오.

• 세 건물은 모두 같은 크기에다가 서 있는 간격도 ☐☐하다.

• 어머니는 솜씨가 좋아서 어머니가 빚은 송편은 크기가 모두 ☐☐하다.

**03** 밑줄 그은 어휘가 어떤 뜻으로 쓰였는지 알맞게 선으로 이으시오.

**1** 아이들이 손바닥을 <u>부딪치며</u> 노래를 불렀다. •

**2** 나는 버스 정류장에서 민희와 우연히 <u>부딪쳤다</u>. •

**3** 나는 부모님 반대에 <u>부딪쳐</u> 연예인이 되겠다는 꿈을 포기했다. •

• ㉠ 뜻하지 않게 어떤 사람을 만나다.

• ㉡ 무엇과 무엇이 매우 힘 있게 마주 닿거나 마주 대다.

• ㉢ 의견이나 생각 차이로 다른 사람과 반대되는 위치에 놓이다.

**04** 빈칸에 '갖추다 비(備)' 자가 들어간 어휘를 쓰시오.

**1** 동생의 생일 선물을 ☐☐비 하려고 가게에 갔다.
<u>미리 마련하여 갖추다.</u>

**2** 비가 올지도 모르니 ☐☐비 로 우산을 가져가렴.
<u>필요할 때 쓰기 위하여 미리 마련하거나 갖추어 두다.</u>

**05** 보기를 보고, 문장에 알맞은 어휘를 괄호 안에서 골라 ○표를 하시오.

> **보기**
>
> **비치** : 마련하여 갖추어 두다. 예 집에 구급약을 항상 **비치**해 두세요.
>
> **배치** : 일정한 차례나 간격에 따라 벌여 놓다.
>
> 예 의자를 일정한 간격으로 **배치**하다.

**1** 시험장의 자리 ( 비치 ┃ 배치 )는 이름의 가나다순으로 했다.

**2** 책꽂이에 책을 크기 순서대로 ( 비치 ┃ 배치 )하니 정돈된 느낌이 든다.

**3** 이곳은 최신 운동 기구를 다른 곳보다 많이 ( 비치 ┃ 배치 )하고 있어 좋다.

**06** 밑줄 그은 속담을 사용하는 경우로 알맞은 것은?

> 인기 배우 ○○○ 씨는 데뷔 전 힘들었을 때를 떠올리며 이렇게 말했다.
> "배우가 되겠다는 꿈만 가지고 서울에 왔을 땐 정말 막막했어요. 소속사도 없이 연기 공부만 열심히 하면서 각종 오디션을 보러 다녔어요. 그렇지만 좋은 배역은 대형 소속사 배우들이 다 가져가더라고요. 남들은 <u>바위에 달걀 부딪치기</u>니 배우 되는 것을 포기하라 했지만 전 포기하지 않았죠. 그리고 결국 소속사 없이 제 힘으로 배역을 따냈어요."

① 매우 놀란 경우

② 분수에 넘치는 일을 하는 경우

③ 우연히 한 일이 성과가 있는 경우

④ 맞서 싸워도 도저히 이길 수 없는 경우

⑤ 일이 이미 잘못된 뒤에야 손을 쓰는 경우

**07** 다음 한자 성어를 활용한 문장으로 알맞은 것은? [✎      ]

> '진퇴양난(進退兩難)'은 나아갈 수도 물러갈 수도 없어 이러지도 저러지도 못하는 어려운 처지를 이르는 말이다.

① 그토록 <u>진퇴양난</u>하던 겨울 방학이 시작되었다.

② <u>진퇴양난</u>이듯이, 계속 도전하면 반드시 성공할 것이다.

③ 갑작스러운 폭설로 도로가 마비되어 <u>진퇴양난</u>에 처했다.

④ 건강해지려고 운동을 심하게 하다가 병이 나다니 역시 <u>진퇴양난</u>이다.

⑤ 선생님은 소미의 그림 솜씨를 칭찬하며 <u>진퇴양난</u>이 따로 없다고 하셨다.

**다음 글을 읽고, 물음에 답하시오.**

과학 빛

빛은 방해물이 없으면 직진하는 성질이 있다. 하지만 빛이 어떤 물체에 부딪치면 진행 방향이 바뀌게 되는데, 이를 '빛의 반사'라고 한다. 거울은 빛이 반사하는 성질을 이용하여 물체를 비추어 볼 수 있는 도구이다. 거울은 그 표면이 평평한가, 볼록한가, 오목한가에 따라 평면거울, 볼록 거울, 오목 거울로 나눌 수 있다.

거울 표면이 평평하고 매끄러운 평면거울은 모든 빛을 일정한 각도로 반사해서 물체의 모습을 실제 크기와 비슷하게 보여 주므로 일상생활에서 흔히 사용하는 거울로 쓰인다. 거울 표면이 둥그스름하게 나와 있는 볼록 거울은 빛을 널리 퍼지게 반사해서 물체가 작게 보이기 때문에 넓은 범위를 볼 때 사용한다. 사고 위험이 높은 굽은 도로의 모퉁이에 볼록 거울을 비치하면 반대편에서 오는 차를 쉽게 확인할 수 있다. 거울 표면이 안쪽으로 둥그스름하게 들어가 있는 오목 거울은 빛을 한 점으로 모아 주어서 빛을 모으거나 사물을 크게 볼 때 사용한다. 손전등의 거울, 입안을 봐야 하는 치과용 거울 등에 쓰인다.

**08** **이 글의 핵심 내용을 파악하여 빈칸에 들어갈 알맞은 말을 쓰시오.**

{ 빛이 □□하는 성질을 이용한 거울 }

**09** **이 글의 내용으로 알맞지 <u>않은</u> 것은?**
① 빛은 물체가 가로막지 않으면 곧게 나아간다.
② 거울은 종류에 따라 물체를 더 크게 또는 작게 보이게 할 수 있다.
③ 물체의 모습이 실제 크기와 가장 비슷하게 보이는 거울은 볼록 거울이다.
④ 평면거울, 볼록 거울, 오목 거울은 거울 표면의 모양에 따라 나눈 것이다.
⑤ 빛의 반사는 빛이 어떤 물체에 부딪쳐서 진행 방향이 바뀌는 것을 말한다.

**10** **다음 상황에서 사용하기에 알맞은 거울을 골라 ✓표를 하시오.**

치과에서 이를 치료하기 위해 입안을 비추어 크게 봐야 할 때

☐ 평면거울　　　☐ 볼록 거울　　　☐ 오목 거울

# 17 국어 읽기 '사실'과 '의견'

## 진실

| 참되다 | 진 眞 |
| 참되다 | 실 實 |

거짓이 없는 사실

## 설득

| 말하다 | 설 說 |
| 깨닫다 | 득 得 |

상대편이 이쪽 편의 말을 따르거나 이해하도록 잘 설명하거나 타이르다.

판단은 알아서 하세요.

이 말이 진실일까? 묘하게 설득되네.

아기 피부로 만들어 주는 ○○비누

광고에 휘둘려서 비누 살 생각 말고 평소에 잘 씻기라도 해라.

## 판단

| 정하다 | 판 判 |
| 결단하다 | 단 斷 |

논리나 기준에 따라 어떠한 것에 대한 자기의 생각을 분명하게 정하다.

## 휘둘리다

사람이나 일이 누군가의 마음대로 마구 다루어지다.

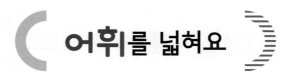
**01** 밑줄 그은 내용과 바꾸어 쓸 수 있는 어휘를 괄호 안에서 골라 ○표를 하시오.

**1** 힘센 친구에게 <u>마구 다루어지는</u> 아이를 도와주었다.

↳ ( 붙는 | 휘둘리는 | 되돌리는 )

**2** 진우는 내 편이 되어 줄 거라 생각을 <u>분명하게 정하고</u> 진우에게 비밀을 털어놓았다.

↳ ( 비교하고 | 구별하고 | 판단하고 )

**02** 빈칸에 공통으로 들어갈 알맞은 어휘를 쓰시오.

> 진영: 친구들하고 주말에 놀러갈 수 있게 아빠가 엄마 좀 ☐☐ 해 주세요.
>
> 아빠: 네가 할일을 다하고 조심히 놀다 오겠다고 약속하면 엄마를 ☐☐ 할 수 있
> 지 않을까?

**03** 다음 표에서 뜻이 반대되는 어휘를 골라 ○표를 하시오.

진실 ----- 반대의 뜻 → 사실 | 거짓 | 정직

**04** 빈칸에 '말하다 설(設)' 자가 들어간 어휘를 쓰시오.

**1** 동생은 정답 ☐☐ 설 을 보고 나서야 그 수학 문제를 이해했다.

문제나 사건의 내용 따위를 알기 쉽게 풀어 설명하다.

**2** 요즘 초등학생이 쓰는 어휘를 알아보려고 반 친구들에게 설 ☐☐ 을 부탁했다.

어떤 사실을 조사하기 위해 어떤 주제에 대해서 문제를 내어 묻다.

**05** '마구, 매우 심하게'의 뜻을 더하는 말인 '휘-'가 들어간 보기의 어휘 중 빈칸에 알맞은 어휘를 골라 쓰시오.

> **보기**
>
> 휘젓다          휘둘리다          휘날리다

**1** 바람이 불 때마다 태극기가 [          ].

거세게 펄펄 나부끼다.

**2** 요리사가 밀가루에 계란을 넣고 거품기로 [          ].

골고루 섞이도록 이리저리 마구 젓다.

**3** 마음 약한 그 사람이 남의 말에 쉽게 [          ].

사람이나 일이 누군가의 마음대로 마구 다루어지다.

**06** 보기를 보고, 문장에 알맞은 어휘를 괄호 안에서 골라 ○표를 하시오.

> **보기**
>
> '-시키다'는 '실망시키다', '이해시키다'와 같이 쓰여 '남에게 어떤 일이나 행동을 하게 하다.'의 뜻을 더하는 말이다. 그런데 어휘 자체에 누군가에게 무엇을 하게 한다는 뜻이 담겨 있을 때에는 '-시키다'를 붙이지 않는다.
>
> 부모님을 설득시키다(x).  ➡  부모님을 설득하다(○).

**1** 나와 가장 친한 친구를 ( 소개해 ┊ 소개시켜 ) 줄게.

**2** 우리 가족은 나를 ( 포함해서 ┊ 포함시켜서 ) 모두 네 명이다.

**3** 미술관에서는 전시된 그림의 사진 촬영을 ( 금지한다 ┊ 금지시킨다 ).

**07** 밑줄 그은 부분에 들어갈 관용 표현으로 알맞은 것에 ✓표를 하시오.

> 할아버지께서는 장사꾼의 말이 진실인지 거짓인지 판단하지 못하고, 효과가 확인되지 않은 건강식품을 사는 데 많은 돈을 쓰셨다.
>
> ➡ 할아버지께서는 _____.

☐ 귀가 뚫리다

외국말을 알아듣게 되다.

☐ 한 귀로 흘리다

듣고도 마음에 두지 아니하고 무시하다.

☐ 귀가 얇다

속는 줄도 모르고 남의 말을 쉽게 받아들이다.

**08~10** 다음 글을 읽고, 물음에 답하시오.    국어 읽기

'㉠사실'은 실제로 있었던 일이나 현재 일어나고 있는 일을 말하고, '㉡의견'은 어떤 일이나 대상에 대한 생각을 말한다. 예를 들어 '휴가철에 주인에게 버려지는 반려동물의 수가 크게 늘어났다. 반려동물은 물건이 아닌 살아 있는 생명이므로 함부로 버리는 일이 없어야 한다.'에서 앞 문장은 사실에, 뒤 문장은 의견에 해당한다.

같은 사실에 대해서도 사람마다 의견이 다를 수 있는데, 사실과 의견을 구분하지 못하면 글쓴이 한 사람의 생각을 사실이라 판단하는 잘못을 저지를 수 있다. 따라서 글 내용을 정확하게 이해하고 참과 거짓을 가리려면 사실과 의견을 구분할 수 있어야 한다. 특히 신문의 사설, 칼럼과 같은 주장하는 글이나 광고처럼 다른 사람을 설득하는 목적으로 쓰인 글을 읽을 때에는 더욱 주의해야 한다. 사실과 의견을 구분하며 글을 읽으면 잘못된 주장에 휘둘리지 않을 수 있고, 진실이 아닌 정보를 진실인 것처럼 꾸민 광고도 걸러낼 수 있다.

**08** 이 글의 핵심 내용을 파악하여 빈칸에 들어갈 알맞은 말을 쓰시오.

{ 글을 읽을 때 사실과 ⬚⬚을 구분해야 하는 이유 }

**09** ㉠과 ㉡을 구분하며 글을 읽을 때의 효과로 알맞지 <u>않은</u> 것은?    [✎     ]

① 글 내용을 정확하게 이해할 수 있다.
② 잘못된 주장에 휘둘리지 않을 수 있다.
③ 진실하지 않은 광고를 걸러낼 수 있다.
④ 글 내용에서 참과 거짓을 가릴 수 있다.
⑤ 글쓴이 한 사람의 생각을 사실이라 판단할 수 있다.

**10** 다음 중 '사실'을 말하는 문장에 해당하는 것은?    [✎     ]

① 친구들과 사이좋게 지내야 한다.
② 밤에 일찍 자고 아침에 일찍 일어나야 한다.
③ 경주에 가면 불국사와 석굴암을 볼 수 있다.
④ 운동장에 쓰레기를 함부로 버려서는 안 된다.
⑤ 건강을 위해서는 편식하지 말고 음식을 골고루 먹어야 한다.

# 18 조선 구석구석을 지도에 담다

## 경계

| 땅의 가장자리 | 경 | 境 |
|---|---|---|
| 땅의 가장자리 | 계 | 界 |

사물이나 지역이 일정한 기준에 따라 구분되는 지점

## 새기다

물체에 글씨나 그림 등을 끝이 날카로운 도구로 파다.

여기가 호수와 땅의 경계야.

비석에 호수의 전설이 새겨져 있어.

이건 동물에 관한 모든 것을 상세하게 담아 집대성한 책입니다.

## 상세하다

| 자세하다 | 상 | 詳 |
|---|---|---|
| 자세하다 | 세 | 細 |

하나하나 빠짐없이 모두 자세하다.

## 집대성

| 모으다 | 집 | 集 |
|---|---|---|
| 크다 | 대 | 大 |
| 이루다 | 성 | 成 |

여러 가지를 모아 하나의 완전한 것으로 만들다.

# 어휘를 넓혀요

정답과 해설 23쪽

## 01 밑줄 그은 어휘의 뜻에 맞는 말을 괄호 안에서 골라 ○표를 하시오.

**1** 이 버스는 인천시와 서울시의 경계를 넘나들며 운행한다.
→ 뜻 지역이 일정한 기준에 따라 ( 묶이는 | 구분되는 ) 지점

**2** 전국의 민요를 집대성하여 새롭게 구성한 음반이 나왔다.
→ 뜻 여러 가지를 모아 하나의 ( 완전한 | 손쉬운 ) 것으로 만들다.

## 02 밑줄 그은 어휘와 뜻이 반대되는 어휘를 골라 ✓표를 하시오.

선아는 생일 초대장에 학교에서 집까지 오는 지도를 상세하게 그렸다.

☐ 자세하게 ☐ 세세하게 ☐ 간단하게 ☐ 꼼꼼하게

## 03 밑줄 그은 어휘가 어떤 뜻으로 쓰였는지 알맞게 선으로 이으시오.

**1** 유미는 시계의 뒷면에 자기 이름을 새겼다. •

**2** 희철이는 선생님의 진심 어린 조언을 가슴에 새겼다. •

• ㉠ 잊지 않도록 마음속에 깊이 기억하다.

• ㉡ 물체에 글씨나 그림 등을 끝이 날카로운 도구로 파다.

## 04 빈칸에 '모으다 집(集)' 자가 들어간 어휘를 쓰시오.

**1** 우리 동아리에서는 신입 부원을 ☐ 집 할 예정이다.
사람이나 작품, 물건 따위를 일정한 조건에 맞게 널리 알려 뽑아 모으다.

**2** 수련회에 가는 사람들은 오전 10시까지 학교 운동장에 집 ☐ 해야 한다.
사람들이 한곳으로 모이다.

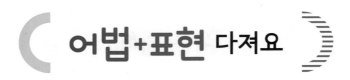

**05** 괄호 안에서 표기가 바른 것을 골라 ◯표를 하시오.

**1** 미술 활동으로 나무에 조각을 ( 세겼다 | 새겼다 ).

**2** 이 책은 요리 방법을 ( 상세 | 상새 )하게 설명했다.

**3** 옆집과 우리집은 담 하나를 ( 경게 | 경계 )로 삼고 있다.

**4** 한동안 운동을 게을리 했더니 ( 몸무게 | 몸무계 )가 늘었다.

**06** 밑줄 그은 속담의 뜻으로 알맞은 것은?　［✎　　］

> 수찬이는 혹시 친구들이 자기 비밀을 알았을까 봐 걱정되었다. 그래서 친구들에게 자기가 없는 자리에서 무슨 얘기를 했느냐고 미주알고주알 캤다.

① 자신의 마음을 알아보다.
② 사람의 됨됨이를 잘 알아보다.
③ 드러나지 않게 은밀히 알아보다.
④ 모양 따위를 구별하여 알아보다.
⑤ 일의 속사정을 상세히 알아보다.

**07** 다음 한자 성어를 활용한 문장으로 알맞지 <u>않은</u> 것은?　［✎　　］

| 刻 | 骨 | 難 | 忘 |
|---|---|---|---|
| 새기다 각 | 뼈 골 | 어렵다 난 | 잊다 망 |

'각골난망'은 다른 사람의 은혜를 입고 그 고마움을 뼈에 깊이 새겨 잊지 않는다는 뜻이다.

① 한 번만 도와주신다면 <u>각골난망</u>하겠습니다.
② 길러 주신 부모님의 은혜가 <u>각골난망</u>입니다.
③ 가장 친한 친구를 배신하다니 <u>각골난망</u>하겠다.
④ 네가 다쳤을 때 도와준 분들의 은혜에 <u>각골난망</u>해라.
⑤ 힘들 때 손을 내밀어 준 선생님을 생각하니 <u>각골난망</u>이다.

**08~10** 다음 글을 읽고, 물음에 답하시오. 　사회 역사

　우리나라는 예부터 지도를 만들어 사용해 왔다. 가장 널리 알려진 것은 '㉠대동여지도'이다. 대동여지도는 조선 후기의 지리학자인 김정호가 30여 년 동안 기존의 지도와 지리책들을 연구하여 집대성한 결과물이다. 김정호는 약 60여 개의 나무판에 지도를 새기고, 이를 22권의 책에 나누어 찍었다. 이 22권의 책을 모두 펼쳐 이어 붙이면 가로 길이가 약 4미터, 세로 길이가 약 6.7미터에 이르는 우리나라 전국 지도가 만들어진다.

　대동여지도에는 우리나라의 산줄기와 물줄기를 중심으로 자연환경이 상세하게 묘사되어 있다. 그리고 도로와 행정 구역의 경계를 비롯하여 군사, 경제 등 다양한 정보가 나타나 있다. 실제 거리를 예상할 수 있도록 10*리마다 점을 찍어 표시했고, 큰 고을과 역 등을 기호로 나타냄으로써 지리 정보를 쉽게 파악할 수 있게 했다. 또 지도를 새긴 나무판을 이용해 똑같은 지도를 계속 인쇄할 수 있어서 지도가 필요한 백성 누구나 사용할 수 있었다. 22권의 책을 병풍처럼 접었다 펼 수 있어서 가지고 다니기에도 편리했다.

＊ 리(마을 里): 거리의 단위. 1리는 약 0.393킬로미터에 해당한다.

**08** 이 글의 핵심 내용을 파악하여 빈칸에 들어갈 알맞은 말을 쓰시오.

{ ☐☐☐☐☐의 특징과 우수성 }

**09** ㉠에 대한 설명으로 알맞지 <u>않은</u> 것은? [✎　]

① 지리학자인 김정호가 만들었다.
② 무거워서 가지고 다닐 수 없었다.
③ 병풍처럼 접었다 폈다 할 수 있었다.
④ 같은 지도를 반복해서 인쇄할 수 있었다.
⑤ 우리나라의 자연환경과 도로, 행정 구역, 군사 정보 등을 담고 있다.

**10** ㉠을 만든 사람이 했을 생각으로 알맞은 것은? [✎　]

① 특별한 사람만 지도를 사용할 수 있게 해야지.
② 우리나라에서 처음으로 전국 지도를 만들겠어.
③ 일정한 거리마다 점을 찍어서 내 위치를 표시해야지.
④ 산줄기, 물줄기는 그리 중요한 게 아니니 지도에 그릴 필요가 없겠어.
⑤ 큰 고을과 역을 기호로 표시하면 지리 정보를 쉽게 확인할 수 있을 거야.

수학 연산

# 19

# 2월 29일의 비밀

> 달이 지구 주위를 도는
> 주기는 늘 일정하대.

> 저 달을 눈썹달이라고
> 칭하고 싶어.

## 주기

| 한 바퀴 돌다 | 주 週 |
|---|---|
| 기간 | 기 期 |

물체가 한 바퀴 돌아서 원래
의 위치로 오기까지의 기간

## 칭하다

| 부르다 | 칭 稱 |
|---|---|

무엇이라고 부르거나 말하다.

## 오차

| 잘못하다 | 오 誤 |
|---|---|
| 다르다 | 차 差 |

실제 계산한 값과 정확한 값
과의 차이

## 시행

| 실시하다 | 시 施 |
|---|---|
| 행하다 | 행 行 |

법이나 제도 등을 실제로 행
하다.

### 인테리어는 ○○ 시공

단 1밀리미터의 오차도
허용하지 않습니다.
철저한 관리로 공사를
시행할 것을 약속드립니다.

**01** 빈칸에 공통으로 들어갈 어휘로 알맞은 것은?   [✎      ]

- 우리 학교는 매달 화재 대피 훈련을 [    ]한다.
- 최근 친환경 급식을 [    ]하는 학교가 늘고 있다.

① 여행        ② 운행        ③ 유행        ④ 시행        ⑤ 발행

**02** 밑줄 그은 어휘의 뜻에 맞는 말을 괄호 안에서 골라 ○표를 하시오.

**1** 화성은 약 687일의 <u>주기</u>로 태양을 돈다.
→ 뜻 물체가 ( 한 | 두 ) 바퀴 돌아서 원래의 위치로 돌아오기까지의 기간

**2** 기상청에서 예상한 비의 양과 실제 내린 비의 양이 꽤 높은 <u>오차</u>를 보였다.
→ 뜻 실제 계산한 값과 정확한 값과의 ( 일치 | 차이 )

**03** 밑줄 그은 어휘와 뜻이 비슷한 어휘를 골라 ✔표를 하시오.

국민들은 월드컵에서 우리나라를 우승으로 이끈 감독을 영웅이라 <u>칭했다</u>.

☐ 불렀다        ☐ 주의했다        ☐ 속삭였다        ☐ 털어놓았다

**04** '오(誤)' 자가 들어간 보기의 어휘 중 빈칸에 알맞은 어휘를 골라 쓰시오.

보기
오답(잘못하다 誤, 대답하다 答)        오산(잘못하다 誤, 추측하다 算)

**1** 덩치가 작으니 힘이 약할 거라고 생각하는 것은 큰 [    ]이다.

**2** 선생님은 학생이 답안지에 맞춤법을 틀리게 적으면 [    ]으로 처리했다.

**05** 보기를 보고, 밑줄 그은 부분에서 띄어 써야 할 곳에 ∨표를 하시오.

> **보기**
>
> '바퀴(어떤 둘레를 빙 돌아서 제자리까지 돌아오는 횟수를 세는 단위)'와 같이 단위를 나타내는 말은 수를 나타내는 말과 띄어 쓴다.
>
> > 체육 시간에 운동장을 세∨바퀴 돌았다.

**1** 바다 위에 배가 다섯척 떠 있다.

**2** 친구에게 꽃 한송이를 선물로 주었다.

**3** 어머니는 김장을 하려고 배추를 스무포기 사 오셨다.

**06** 밑줄 그은 부분에 들어갈 속담으로 알맞은 것은?  [ ✎ ]

> 엄마: 현수야, 안방에 있던 오백 원짜리 동전 네가 가져갔니?
>
> 현수: 말도 없이 가져가서 죄송해요. 오락실에 너무 가고 싶어서 그랬어요.
>
> 엄마: "＿＿＿＿＿＿＿＿＿＿＿"라는 속담 들어봤지? 작은 잘못도 자꾸 실제로 행하다 보면 버릇이 돼서 더 큰 죄를 저지르게 되는 법이야.
>
> 현수: 잘못했어요. 다시는 그러지 않을게요.

① 도둑이 제 발 저리다  ② 바늘 가는 데 실 간다

③ 바늘 도둑이 소도둑 된다  ④ 소 뒷걸음치다 쥐 잡는다

⑤ 바늘로 찔러도 피 한 방울 안 난다

**07** 다음을 참고했을 때, 밑줄 그은 '백미'의 뜻이 다른 하나는?  [ ✎ ]

> '백미(白眉)'는 흰 눈썹이라는 뜻이다. 옛날 중국에 마씨 성의 다섯 형제가 있었는데 특히 맏이인 마량의 재주가 가장 뛰어났다. 사람들은 흰 눈썹을 가진 마량을 칭하여 '백미'라고 불렀는데, 그 뒤로 여럿 가운데에서 가장 뛰어난 사람이나 훌륭한 물건을 가리켜 '백미'라고 했다.

① 이 그림은 그의 작품 중에서 백미로 꼽힌다.

② 여행의 백미는 역시 다양한 먹거리를 즐기는 것이다.

③ 웅장한 느낌을 주는 이 곡이야말로 연주회의 백미이다.

④ 이 영화의 백미는 주인공들이 우연히 다시 만나는 장면이다.

⑤ 우리 가족은 건강을 생각해 백미에 현미를 섞어서 밥을 짓는다.

**08~10** 다음 글을 읽고, 물음에 답하시오.

2월 29일에 태어난 사람은 4년에 한 번 생일을 맞는다. 왜 2월 29일은 4년마다 있을까? 현재 대부분의 나라에서 사용하는 양력은 지구가 태양의 주위를 한 바퀴 도는 주기를 1년으로 정한 것으로, 날짜로 따지면 365일쯤이다. 그렇지만 실제 지구가 태양의 둘레를 한 바퀴 도는 데는 약 365.24일이 걸린다. 달력의 날짜와 실제 날짜가 1년에 약 0.24일의 오차가 나는 것이다. 이 차이가 적어 보이지만 100년이 지나면 약 24일, 200년이 지나면 약 48일이나 차이가 나서 달력의 날짜와 실제 날짜가 많이 달라진다. 이 오차를 줄이기 위해 1년을 366일로 두는 해를 정했는데, 이를 '윤년'이라고 칭한다. 0.24일을 4번 더하면 약 0.96일, 약 1일의 시간이 나온다. 따라서 4년마다 2월의 날짜를 하루 늘리면 오차를 줄일 수 있다.

기본적으로 4년에 한 번씩 윤년을 시행하지만 연도가 100으로 나누어떨어지는 해 중에서는 400으로 나누어떨어지는 해만 윤년으로 한다. 따라서 1900년, 2000년, 2100년, 2200년 중에서는 400으로 나누어떨어지는 해인 2000년만 윤년이 된다.

**08** 이 글의 핵심 내용을 파악하여 빈칸에 공통으로 들어갈 알맞은 말을 쓰시오.

{ ☐ ☐ 을 두는 까닭과 ☐ ☐ 을 정하는 규칙 }

**09** 이 글의 내용으로 알맞지 **않은** 것은? [✎    ]

① 윤년은 1년을 366일로 두는 해이다.
② 2월 29일은 4년에 한 번 있는 날이다.
③ 현재 대부분의 나라에서는 양력을 사용한다.
④ 실제 지구가 태양을 한 바퀴 도는 시간은 365일보다 짧다.
⑤ 달력의 날짜와 실제 날짜의 오차를 줄이기 위해 윤년을 두었다.

**10** 다음 중 윤년인 해에 해당하는 것은? [✎    ]

① 1600년      ② 1800년      ③ 2100년
④ 2300년      ⑤ 2500년

사회 정치

# 20 나라의 주인은 국민

학생 회장 선거에 참여하여 투표권을 행사합시다.

## 참여

| 관계하다 | 참 參 |
| 같이하다 | 여 與 |

어떤 일에 끼어들어 함께 일 하다.

## 행사

| 하다 | 행 行 |
| 부리다 | 사 使 |

힘, 권력, 권리 따위를 실제로 쓰다.

## 다수결

| 많다 | 다 多 |
| 세다 | 수 數 |
| 결정하다 | 결 決 |

많은 사람의 의견에 따라 어떤 일의 찬성과 반대를 정하는 일

## 타협

| 옳다 | 타 妥 |
| 맞다 | 협 協 |

어떤 일을 서로 양보하여 뜻 을 맞추다.

다수결로 학생 회장이 정해지겠네.

저 후보가 교장 선생님과 타협을 잘할 것 같아.

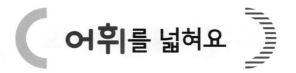

## 01 빈칸에 공통으로 들어갈 알맞은 어휘를 쓰시오.

- 그는 동아리 활동에 적극적으로 ☐☐ 한다.
- 이 노래는 세계적으로 유명한 가수들이 ☐☐ 해 함께 부른 것이다.

## 02 밑줄 그은 내용과 바꾸어 쓸 수 있는 어휘를 골라 ✓표를 하시오.

서로의 의견이 반대되는 경우에는 대화를 통해 <u>서로 조금씩 양보하며 뜻을 맞추어야</u> 한다.

☐ 타협해야 　　☐ 진행해야 　　☐ 발전해야 　　☐ 처리해야

## 03 밑줄 그은 어휘가 어떤 뜻으로 쓰였는지 알맞게 선으로 이으시오.

| 1 | 올해 있을 가장 큰 <u>행사</u>는 대통령 선거이다. | • | • | ㉠ | 힘, 권력, 권리 따위를 실제로 쓰다. |

| 2 | 정부는 국민의 투표권 <u>행사</u>를 위해 선거일을 임시 공휴일로 정했다. | • | • | ㉡ | 목적이나 계획을 가지고 진행하는 것 또는 그러한 큰일 |

## 04 '다수결'의 뜻에 맞는 말을 괄호 안에서 골라 ◯표를 하시오.

다수결은 ( 적은 ┃ 많은 ) 사람의 의견에 따라 어떤 일의 ( 찬성과 반대 ┃ 장점과 단점 ) 을/를 정하는 일을 뜻한다.

## 05 [ ] 안의 말 중에서 표기가 바른 것을 골라 ◯표를 하시오.

**1** 승규가 우리 대화에 갑자기 [ 끼어들었다 / 끼여들었다 ].

**2** 이 약을 일주일만 먹으면 병이 나을 [ 거에요 / 거예요 ].

**3** 코를 고는 것을 보니 아기가 잠이 깊게 든 [ 모양이었다 / 모양이였다 ].

## 06 밑줄 그은 내용과 뜻이 통하는 속담으로 알맞은 것은? [ ✎ ]

진아: 어제 반장 생일잔치에 진수도 왔더라.
은지: 그래? 어제 나랑도 자전거를 타고 놀았는데.
진아: 역시 진수는 노는 데라면 <u>빠지지 않고 꼭 참여한다니까.</u>

① 약방에 감초
② 뛰어야 벼룩
③ 갈수록 태산
④ 내 코가 석 자
⑤ 하늘의 별 따기

## 07 다음 상황을 나타낼 수 있는 한자 성어로 알맞은 것에 ✔표를 하시오.

아빠: 오늘 저녁에 외식할 곳은 다수결로 정하자. 갈빗집, 중국집, 파스타집 중에 어디가
　　　 좋아? 난 중국집에 한 표.
엄마: 나도 중국집에 한 표.
희영: 저도 중국집 좋아요. 와, 우리 가족 모두 중국집을 골랐네요!

☐ 만장일치(滿場一致)
모든 사람의 의견이 같다.

☐ 일장일단(一長一短)
장점이 있으면 단점도 있다.

☐ 시종일관(始終一貫)
일을 처음부터 끝까지 똑같이 하다.

**08~10** 다음 글을 읽고, 물음에 답하시오.    사회 정치

> 1863년 미국의 대통령이었던 링컨은 ㉠'국민의, 국민에 의한, 국민을 위한 정치'라는 말을 남겼다. 이 말은 국민이 나라의 주인이 되어 스스로 권리를 행사하는 민주주의를 가장 잘 나타낸 표현이다. '국민의 정치'는 국민이 나라의 주인이라는 뜻을, '국민에 의한 정치'는 국민이 정치에 참여하여 나라를 다스린다는 뜻을, '국민을 위한 정치'는 나랏일이 국민의 행복을 위한 것이어야 한다는 뜻을 담고 있다.
>
> 민주주의에서는 결정해야 할 일이 생기면 먼저 대화와 토론을 통해 서로의 의견을 나누고 타협을 한다. 토론을 해도 결론이 나지 않을 때, 지도자를 뽑는 등 국민 개개인의 의견을 하나로 모아야 할 때는 다수결에 따라 결정을 내린다. 물론 다수결이 항상 옳은 것은 아니다. 다수결에 따라 결정한 내용이 잘못된 선택이 되는 경우도 종종 있기 때문이다. 따라서 많은 사람이 선택한 의견뿐 아니라 적은 사람이 선택한 의견도 존중하는 태도가 필요하다.

**08** 이 글의 핵심 내용을 파악하여 빈칸에 들어갈 알맞은 말을 쓰시오.

{ ☐☐☐☐ 의 뜻과 민주주의에서 결정을 내리는 방식 }

**09** ㉠에 대한 설명으로 알맞은 것을 골라 선으로 이으시오.

| 1 | 국민의 정치 | • | • | ㉮ | 국민이 나라의 주인이다. |

| 2 | 국민에 의한 정치 | • | • | ㉯ | 나랏일은 국민의 행복을 위한 것이어야 한다. |

| 3 | 국민을 위한 정치 | • | • | ㉰ | 국민이 정치에 참여하여 나라를 다스린다. |

**10** 이 글을 읽고 내용을 잘못 이해한 사람을 쓰시오.

> 수경: 어떤 일을 결정할 때에는 먼저 대화와 토론을 하는 게 좋겠어.
> 진희: 토론을 해도 결론을 내릴 수 없으면 다수결로 결정을 내릴 수 있어.
> 종후: 많은 사람이 선택한 의견은 늘 옳으니까 무조건 다수결에 따라야 해.

[ ✎　　　]

**1-3** 뜻에 알맞은 어휘를 보기에서 골라 쓰시오.

보기

| 일치 | 나선 | 급속 | 밀집 | 수확 |

**1** [ ] : 급하고 빠르다.

**2** [ ] : 빈틈없이 빽빽하게 모이다.

**3** [ ] : 무엇과 무엇이 서로 어긋나지 않고 꼭 같거나 들어맞다.

**4-5** 어휘에 알맞은 뜻을 골라 선으로 이으시오.

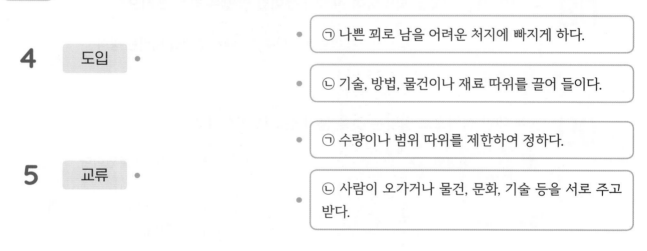

**4** 도입 •

• ㉠ 나쁜 꾀로 남을 어려운 처지에 빠지게 하다.

• ㉡ 기술, 방법, 물건이나 재료 따위를 끌어 들이다.

**5** 교류 •

• ㉠ 수량이나 범위 따위를 제한하여 정하다.

• ㉡ 사람이 오가거나 물건, 문화, 기술 등을 서로 주고 받다.

**6** 밑줄 그은 어휘의 뜻으로 알맞은 것은?　　　　　　　　[ ✎　　]

삼촌은 전 세계를 돌아다니며 다양한 요리 방법을 <u>섭렵했다</u>.

① 혼자서 모두 차지하다.
② 무엇을 위하여 모든 것을 아낌없이 내놓거나 쓰다.
③ 많은 책을 널리 읽거나 여기저기 찾아다니며 경험하다.
④ 더 이상 일의 진행이나 발전이 없이 어떤 상태에 머무르다.
⑤ 둘 이상의 대상을 각각 등급이나 수준 따위의 차이를 두어서 구별하다.

**7** 어휘의 뜻으로 알맞지 <u>않은</u> 것은?　[✎　]

① 공존: 함께 살아가다.

② 직진: 곧게 나아가다.

③ 수평: 한쪽으로 기울지 않고 평평한 상태

④ 부딪치다: 무엇과 무엇이 매우 힘 있게 마주 닿거나 마주 대다.

⑤ 점검: 아직까지 없던 기술이나 물건을 새로 생각하여 만들어내다.

**8** 괄호 안에 공통으로 들어갈 어휘로 알맞은 것은?　[✎　]

- 제품을 만드는 데 필요한 기계를 (　　　　)했다.
- 그 감독은 새로운 영화를 (　　　)하는 데 온 힘을 쏟았다.

① 제작　　　　　　② 절약　　　　　　③ 참여

④ 시행　　　　　　⑤ 행사

**9** 밑줄 그은 어휘가 문장에 어울리지 <u>않는</u> 것은?　[✎　]

① 수박의 <u>단면</u>은 동그랗고 빨갛다.

② 우리나라와 중국은 서로 <u>맞닿아</u> 있다.

③ 그 육상 선수는 세계 기록을 <u>분포하고</u> 있다.

④ 동생과 나는 서로를 가장 친한 친구라고 <u>여긴다</u>.

⑤ 나라를 배신하고 <u>반역</u>을 일으킨 무리들은 모두 추방당했다.

**10-11** 문장에 알맞은 어휘를 골라 ✔표를 하시오.

**10** 관객들이 공연장에 들어가느라 입구 앞에
　□ 늘어섰다.
　□ 비치했다.

**11** 장롱 안에 색색의 이불들이
　□ 층층이
　□ 깊숙이
쌓여 있다.

**12** 뜻이 비슷한 어휘끼리 짝 지은 것은? [✐    ]

① 습득, 분실　　　　　② 진실, 거짓　　　　　③ 뚫다, 메우다
④ 남다르다, 평범하다　　⑤ 혼잡하다, 복잡하다

**13** 밑줄 그은 어휘와 바꾸어 쓸 수 있는 것은? [✐    ]

> 공연이 어느덧 막바지에 <u>이르렀다</u>.

① 떠났다　　　　　② 끝났다　　　　　③ 다다랐다
④ 출발했다　　　　⑤ 시작했다

**14** 뜻이 반대인 어휘끼리 짝 지은 것은? [✐    ]

① 일생, 평생　　　　　② 낭비, 절약　　　　　③ 원료, 재료
④ 휘다, 구부러지다　　⑤ 상세하다, 자세하다

**15-17** 괄호 안에 들어갈 알맞은 어휘를 골라 선으로 이으시오.

**15** 　물이 묻은 손으로 플러그를 만지면 (　　　)될 수 있으므로 꼭 물기를 닦고 플러그를 꽂는다.　•

•　감전

**16** 　코끼리 똥 종이를 팔아 생긴 돈의 일부는 코끼리 보호소에 (　　　)되어 코끼리들을 보호하는 데 쓰이고 있다.　•

•　실재

**17** 　전기문의 주인공은 역사 속에 (　　　)했던 인물이므로 전기문 속 인물, 사건, 배경 등은 사실을 바탕으로 쓴다.　•

•　기부

## 관용어 · 속담 · 한자 성어

**18** 다음 설명에 맞는 관용어로 알맞은 것은? ［✐　　］

> 이 관용어는 '마음에 들다.'라는 뜻이다.
> → 예 아버지는 _____ 채소를 사기 위해 오랫동안 시장을 둘러보았다.

① 눈에 띄다 　　　　　　② 눈에 차다 　　　　　　③ 손발이 맞다
④ 발에 차이다 　　　　　⑤ 입에 달고 다니다

**19** 다음 속담을 사용할 수 있는 경우로 알맞은 것은? ［✐　　］

> 우물에 가 숭늉 찾는다
>
> '우물'은 '땅을 파서 물이 고이게 한 곳', '숭늉'은 '밥을 지은 솥에서 밥을 푼 뒤에 물을 붓고 데운 물'을 말한다. 예전에는 우물에서 물을 길어 와 밥을 해야 했다. 이 속담은 밥을 짓기도 전에 숭늉을 찾는다는 말로, '모든 일에는 질서와 차례가 있는 법인데 일의 순서도 모르고 성급하게 덤빈다.'는 뜻이다.

① 친구들과의 모임에 빠지지 않고 어디든 꼭 참석하는 경우
② 요리에 쓰일 재료를 준비도 하지 않고 요리를 시작한 경우
③ 동생이 수영을 아무리 잘해도 수영 선수에게 이길 수 없는 경우
④ 외국인 친구가 생겨 영어를 자주 듣다 보니 영어를 어느 정도 알아 듣게 된 경우
⑤ 달리기를 연습한 사람은 대회에서 상을 타고, 연습하지 않은 사람은 상을 타지 못한 경우

**20** 한자 성어 설명에서 괄호 안에 들어갈 어휘로 알맞은 것은? ［✐　　］

> | 군계일학 | 　 |
> |---|---|
> | 무리 | 군(群) |
> | 닭 | 계(鷄) |
> | 하나 | 일(一) |
> | 학 | 학(鶴) |
>
> 이 한자 성어는 '닭의 무리 가운데에 있는 한 마리의 학'이라는 뜻이다. 많은 닭들이 무리 지어 있는 사이에 커다랗고 하얀 학이 한 마리 있다면 유난히 돋보일 것이다. 이처럼 이 한자 성어는 '많은 사람 가운데서 남다르게 (　　　　　) 인물'을 이르는 말이다.

① 소심한 　　　　　　② 부유한 　　　　　　③ 뛰어난
④ 뒤처진 　　　　　　⑤ 영악한

**1** 다음 뜻에 해당하는 어휘로 알맞은 것은?  ⟦✎　⟧

> 사람이나 일이 누군가의 마음대로 마구 다루어지다.

① 일정하다 ② 휘둘리다 ③ 부딪치다
④ 늘어서다 ⑤ 습득하다

**2** 어휘의 뜻으로 알맞지 <u>않은</u> 것은?  ⟦✎　⟧

① 실시간: 실제 흐르는 시간과 같은 시간
② 상세하다: 하나하나 빠짐없이 모두 자세하다.
③ 집대성: 여러 가지를 모아 하나의 완전한 것으로 만들다.
④ 오차: 물체가 한 바퀴 돌아서 원래의 위치로 오기까지의 기간
⑤ 무작위: 일어날 수 있는 모든 일이 같은 가능성으로 일어나게 하다.

**3** 괄호 안에 공통으로 들어갈 어휘로 알맞은 것은?  ⟦✎　⟧

> • 이 케이크는 크리스마스 날에만 (　　　　　) 판매한다.
> • 전시장에 입장할 수 있는 인원은 스무 명으로 (　　　　　)되어 있다.

① 한정 ② 절약 ③ 점검
④ 도입 ⑤ 밀집

**4-5** 어휘에 알맞은 뜻을 골라 선으로 이으시오.

**4** 진실 •

　　• ㉠ 거짓이 없는 사실

　　• ㉡ 공정하지 못하고 한쪽으로 치우친 의견이나 생각

**5** 시행 •

　　• ㉠ 어떤 일을 맡다.

　　• ㉡ 법이나 제도 등을 실제로 행하다.

**6-8** 뜻에 알맞은 어휘를 보기 에서 골라 쓰시오.

> **보기**
>
> 분포    타협    욕망    경계    후세

**6** [            ] : 일정한 범위에 흩어져 퍼져 있다.

**7** [            ] : 사물이나 지역이 일정한 기준에 따라 구분되는 지점

**8** [            ] : 부족하다고 느껴 무엇을 가지거나 누리고자 욕심을 내다.

**9** 밑줄 그은 어휘가 문장에 어울리지 <u>않는</u> 것은?    [ ✎      ]

① 작가가 도자기에 무늬를 <u>새기다</u>.
② 낡은 건물을 <u>허물고</u> 새 건물을 짓는다.
③ 우리 반은 소풍 장소를 <u>다수결</u>로 정했다.
④ 연꽃은 연못의 물을 <u>정화하는</u> 역할을 한다.
⑤ 전염병을 <u>공유하려면</u> 외출 후에 손을 깨끗이 씻어야 한다.

**10-11** 문장에 알맞은 어휘를 골라 ✓표를 하시오.

**10** 선거일에 투표권을  [ ] 기부하기 / [ ] 행사하기  위하여 투표 장소로 향했다.

**11** 광고 내용이 사실인지  [ ] 설득하기 / [ ] 판단하기  위해 자료를 찾아보았다.

**12** 뜻이 비슷한 어휘끼리 짝 짓지 <u>않은</u> 것은?    [ ✎      ]

① 칭하다, 부르다    ② 사다, 구입하다    ③ 가지다, 보유하다
④ 단순하다, 복잡하다    ⑤ 일치하다, 들어맞다

**13** 밑줄 그은 어휘와 바꾸어 쓰기에 알맞은 것은? [ ✎    ]

① 드디어 범인이 누구인지 <u>입증할</u> 증거를 찾았다. → 증명할

② 거리에 있는 피자 가게에서 맛있는 냄새가 <u>풍기다</u>. → 맡다

③ 방정환 선생은 어린이의 인권을 위해 일생을 <u>바쳤다</u>. → 구했다

④ 이 제품은 품질이 좋은 데 <u>반하여</u> 잘 알려지지 않았다. → 동의하여

⑤ 여러 사람이 생각을 합치면 좋은 <u>해결책</u>을 얻을 수 있다. → 후유증

**14** 밑줄 그은 어휘와 뜻이 반대인 것은? [ ✎    ]

> 이 꽃은 <u>독특한</u> 향기를 내뿜는다.

① 색다른          ② 비범한          ③ 특이한
④ 의아한          ⑤ 평범한

(15-17) 괄호 안에 들어갈 알맞은 어휘를 골라 선으로 이으시오.

**15**  파스퇴르는 오늘날 과학과 의학 발전에 (      )한 업적을 인정받고 있다. •          • 유인

**16**  '국민에 의한 정치'는 국민이 정치에 (      )하여 나라를 다스린다는 뜻이다. •          • 이바지

**17**  라플레시아는 고약한 냄새로 파리를 비롯한 곤충들을 (      )하여 꽃가루를 옮긴다. •          • 참여

## 관용어 · 속담 · 한자 성어

**18**  밑줄 그은 관용어의 뜻으로 알맞은 것은?  [✎  ]

> 새로 출시한 라면이 입소문을 타고 <u>날개가 돋친 듯이</u> 팔렸다.

① 사업이 잘 안되어 한가하다.
② 어떤 일의 낌새를 눈치 채다.
③ 기쁘거나 즐거워서 입이 크게 벌어지다.
④ 상품이 인기가 좋아 빠른 속도로 팔려 나가다.
⑤ 아무리 마음에 들어도 실제로 쓸 수 없거나 가질 수 없다.

**19**  다음 상황과 어울리는 속담으로 알맞은 것은?  [✎  ]

> 한 사람이 시장에서 달걀 하나를 훔쳤다. 그는 다음에는 당근 하나, 그 다음에는 고기 한 덩이, 그 다음에는 신발 한 켤레를 훔쳤다. 그는 점점 대범하게 물건을 훔쳤고 시장의 한 가게에서 큰 돈을 훔치다가 결국에는 경찰에게 잡혀 처벌을 받게 됐다.

① 바위에 달걀 부딪치기
② 바늘 도둑이 소도둑 된다
③ 서당 개 삼 년에 풍월을 한다
④ 급하면 바늘허리에 실 매어 쓸까
⑤ 기와 한 장 아끼다가 대들보 썩힌다

**20**  한자 성어 설명에서 괄호 안에 들어갈 어휘로 알맞은 것은?  [✎  ]

| 과유불급 | |
| --- | --- |
| 지나다 | 과(過) |
| 오히려 | 유(猶) |
| 아니다 | 불(不) |
| 미치다 | 급(及) |

이 한자 성어는 정도를 지나침은 미치지 못함과 같다는 뜻으로, 한쪽으로 치우치지 않고 적당해야 좋다는 의미이다. 벌레를 없애려 농약을 사용할 때 적게 사용하면 벌레가 없어지지 않을 것이고, 많이 사용하면 생태계가 오염될 것이다. 이러한 경우에 '과유불급'을 들어 지나친 (              )을 경계해야 한다는 교훈을 얻을 수 있다.

① 남용
② 설득
③ 반역
④ 판단
⑤ 점검

# memo

완자

# 공부력

## 정답과 해설

어휘

×

초등 전과목

## 4A

3-4학년

 **책 속의 가접 별책** (특허 제 0557442호)

'정답과 해설'은 진도책에서 쉽게 분리할 수 있도록 제작되었으므로
유통 과정에서 분리될 수 있으나 파본이 아닌 정상 제품입니다.

visang

## ABOVE IMAGINATION

우리는 남다른 상상과 혁신으로
교육 문화의 새로운 전형을 만들어
모든 이의 행복한 경험과 성장에 기여한다

완자

# 공부력

## 초등 전과목
## 어휘 4A

· · · ·

## 정답과 해설

# 완자 공부력 가이드

완자 공부력 시리즈는
앞으로도 계속 출간될 예정입니다.

**국어
맞춤법
바로 쓰기**
1~2학년용
4책

**쓰기력**

**전과목
어휘**
1~6학년용
12책

**전과목
한자
어휘**
1~6학년용
12책

**영어
파닉스**
1~2학년용
2책

**영어
영단어**
3~6학년용
8책

**어휘력**

**국어
독해**
1~6학년용
12책

**한국사
독해**
인물편
3~6학년용
4책

**한국사
독해**
시대편
3~6학년용
4책

**독해력**

**수학
계산**
1~6학년용
12책

**계산력**

# 완자 공부력 시리즈로 공부 근육을 키워요!

매일 성장하는
초등 자기개발서
ⓦ 완자
# 공부력

학습의 기초가 되는 읽기, 쓰기, 셈하기와 관련된
공부력을 키워야 여러 교과를 터득하기 쉬워집니다.
또한 어휘력과 독해력, 쓰기력, 계산력을 바탕으로 한
'공부력'은 자기주도 학습으로 상당한 단계까지 올라갈 수
있는 밑바탕이 되어 줍니다. 그래서 매일 꾸준한 학습이
가능한 '완자 공부력 시리즈'로 공부하면 자기주도 학습이
가능한 튼튼한 공부 근육을 키울 수 있을 것이라 확신합니다.

# 효과적인 **공부력 강화 계획**을 세워요!

## ○ **학년별 공부 계획**
내 학년에 맞게 꾸준하게 공부 계획을 세워요!

| | | 1-2학년 | 3-4학년 | 5-6학년 |
|---|---|---|---|---|
| **기본** | 독해 | 국어 독해<br>1A 1B 2A 2B | 국어 독해<br>3A 3B 4A 4B | 국어 독해<br>5A 5B 6A 6B |
| | 계산 | 수학 계산<br>1A 1B 2A 2B | 수학 계산<br>3A 3B 4A 4B | 수학 계산<br>5A 5B 6A 6B |
| | 어휘 | 전과목 어휘<br>1A 1B 2A 2B | 전과목 어휘<br>3A 3B 4A 4B | 전과목 어휘<br>5A 5B 6A 6B |
| | | 파닉스<br>1 2 | 영단어<br>3A 3B 4A 4B | 영단어<br>5A 5B 6A 6B |
| **확장** | 어휘 | 전과목 한자 어휘<br>1A 1B 2A 2B | 전과목 한자 어휘<br>3A 3B 4A 4B | 전과목 한자 어휘<br>5A 5B 6A 6B |
| | 쓰기 | 맞춤법 바로 쓰기<br>1A 1B 2A 2B | | |
| | 독해 | | | 한국사 독해 인물편 1 2 3 4 |
| | | | | 한국사 독해 시대편 1 2 3 4 |

## 시기별 공부 계획

학기 중에는 **기본**, 방학 중에는 **기본 + 확장**으로 공부 계획을 세워요!

| 방학 중 | | | |
|---|---|---|---|
| 학기 중 | | | 확장 |
| 기본 | | | 확장 |
| 독해 | 계산 | 어휘 | 어휘, 쓰기, 독해 |
| 국어 독해 | 수학 계산 | 전과목 어휘 | 전과목 한자 어휘 |
| | | 파닉스(1~2학년)<br>영단어(3~6학년) | 맞춤법 바로 쓰기(1~2학년)<br>한국사 독해(3~6학년) |

**예시** **초1 학기 중 공부 계획표** 주 5일 하루 3과목 (45분)

| 월 | 화 | 수 | 목 | 금 |
|---|---|---|---|---|
| 국어<br>독해 | 국어<br>독해 | 국어<br>독해 | 국어<br>독해 | 국어<br>독해 |
| 수학<br>계산 | 수학<br>계산 | 수학<br>계산 | 수학<br>계산 | 수학<br>계산 |
| 전과목<br>어휘 | 파닉스 | 전과목<br>어휘 | 전과목<br>어휘 | 파닉스 |

**예시** **초4 방학 중 공부 계획표** 주 5일 하루 4과목 (60분)

| 월 | 화 | 수 | 목 | 금 |
|---|---|---|---|---|
| 국어<br>독해 | 국어<br>독해 | 국어<br>독해 | 국어<br>독해 | 국어<br>독해 |
| 수학<br>계산 | 수학<br>계산 | 수학<br>계산 | 수학<br>계산 | 수학<br>계산 |
| 전과목<br>어휘 | 영단어 | 전과목<br>어휘 | 전과목<br>어휘 | 영단어 |
| 한국사 독해<br>인물편 | 전과목<br>한자 어휘 | 한국사 독해<br>인물편 | 전과목<br>한자 어휘 | 한국사 독해<br>인물편 |

# 01 주사위는 던져졌다

본문 8-11쪽

**01** 　**1** ( 혼자서 모두 | 여럿이서 함께 )　**2** ( 집안을 | 나라를 )

**02** 　모함

**03** 　**1** ㄷ　**2** ㄴ　**3** ㄱ

**04** 　**1** 역전　**2** 역경

**05** 　③ 독사에게 물리면 생명이 위험하니 조심해야 한다.

　　　💬 '독사(독 毒, 긴 뱀 蛇)'는 한자어인 '독'과 '사'가 합쳐져 이루어진 말로 '이빨에 독이 있는 뱀'을 뜻한다. 따라서 **보기**의 '독(獨) −'과 관련이 없다.

**06** 　⑤ 입이 귀밑까지 이르다

　　　💬 '기쁘거나 즐거워서 입이 크게 벌어진 모습'과 뜻이 통하는 관용 표현은 '입이 귀밑까지 이르다(찢어지다)'이다.
　　　① 모두 한결같이 말하다.
　　　② 입에서 말이 나오다.
　　　③ 말이나 이야기 따위를 습관처럼 되풀이하다.
　　　④ 몹시 흥분하여 떠들어 대다.

**07** 　⑤ 열 손가락 깨물어 안 아픈 손가락이 없다

　　　💬 ⑤는 부모 눈에 자식은 다 귀하고 소중하다는 뜻으로 밑줄 그은 부분에 들어가기에 알맞다.
　　　① 남보다도 피를 나눈 가족끼리의 정이 더 깊다.
　　　② 이웃끼리 서로 친하게 지내면 먼 곳에 있는 친척보다 더 친하게 된다.
　　　③ 자식을 많이 둔 부모에게는 근심, 걱정이 끊일 날이 없다.
　　　④ 본바탕이 나쁜 사람은 어디를 가나 그 성품이 드러나고야 만다.

**08** 　" 주 사 위 는 던져졌다"라는 말이 생겨난 이야기

　　　💬 이 글은 로마의 카이사르 장군이 "주사위는 던져졌다"라는 말을 남긴 이야기를 소개하고, 이 말을 어떤 경우에 사용하는지 설명하고 있다.

**09** 　② 원로원 의원들은 카이사르를 자기편으로 만들려고 했구나.

　　　💬 원로원 의원들은 카이사르가 로마를 독차지할 것을 두려워하여 카이사르를 쫓아내고자 그가 반역자라고 모함을 했다. ②와 같이 생각하지는 않았다.

**10** 　**1** ☑ 주사위가 던져졌고, 가장 큰 수인 6이 나와서 우리 팀이 게임에서 이겼다.

　　　💬 **2**, **3**의 "주사위가 던져졌다"는 어떤 일이 이미 결정되어 실행할 수밖에 없음을 나타내고 있다. **1**에서는 놀이 도구인 주사위를 공중에 던졌다는 의미로 사용되어 나머지와 뜻이 다르다.

# 02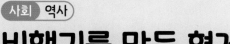

**01** 발명

**02** **1** (제작되기도 | 소비되기도 )
**2** (도입하고 | 제외하고 )

**03** **1** ㉠  **2** ㉡

**04** **1** 습작  **2** 복습  **3** 연습

**05** **1** (발명 | 발견 )  **2** ( 발명 | 발견 )  **3** (발명 | 발견 )

> **1**, **3** 없던 것을 새로 생각해 만든 것이므로 '발명'이 알맞다.
> **2** 알려지지 않은 것을 찾아낸 것이므로 '발견'이 알맞다.

**06** **1** 참석자  **2** 제작자  **3** 노동자

> 각 문장의 '자리를 떴다', '만든다', '일한다'를 고려하여 알맞은 어휘를 찾는다.

**07** ⑤ 한 분야에 오래 있으면 얼마간의 지식과 경험을 습득하게 된다.

> 이 속담은 어떤 분야에 지식이 전혀 없는 사람이라도 그 분야에 오래 있으면 얼마간의 지식과 경험을 갖게 된다는 것을 뜻한다.

**08** 라이트 형제의 동력 [비][행][기] 발명과 그 의의

> 이 글은 라이트 형제가 동력 비행기인 플라이어호를 발명하기까지 어떤 과정을 거쳤으며, 이 비행기가 어떤 의의를 갖는지를 소개하고 있다.

**09** ③ 비행기 조종 기술을 배우기 위해 자전거 가게를 그만두었다.

> 라이트 형제가 자전거 가게에서 번 이익으로 비행기 조종 기술을 습득했다고 했지만 가게를 그만두고 한 일인지는 알 수 없다.

**10** ① 사람이 원하는 방향으로 조종할 수 있었다.

> 플라이어호는 비행기를 조종하는 장치가 있어 사람이 원하는 방향으로 조종할 수 있었다.
> ② 네 번의 비행 끝에 59초 동안 244미터를 날았다.
> ③ 열기구, 글라이더는 바람의 힘을 빌려 하늘을 나는 반면, 플라이어호는 가솔린 엔진의 힘으로 하늘을 날았다.
> ④ 1903년, 미국에서 사람을 태우고 나는 데 성공했다.
> ⑤ 플라이어호는 가솔린 엔진을 단 최초의 동력 비행기이다.

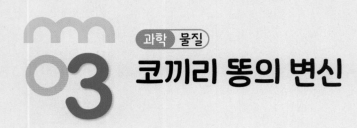

## 03 코끼리 똥의 변신

**01** 공존

**02** 기부

**03** 1 ☑ 생각하다

    2 ☑ 재료

**04** 1 동    2 재

**05** 1 신라   2 난로   3 난리

**06** ② 흡족하게 여기다.

> '눈에 차다', '성에 차다'는 '마음에 흡족하게 여기다.'라는 뜻이다. 뜻이 비슷한 관용 표현으로 '마음에 차다'도 있다.

**07** ③ 강아지 뽀삐는 우리 가족과 10년 동안 동고동락해 왔다.

> '동고동락'은 세상의 즐거운 일과 괴로운 일을 모두 함께 겪는 것을 뜻하며, 긴 시간 동안 함께 살아온 사이를 가리키기도 한다. 이 말과 어울리는 상황은 ③이다.
> ① '사이가 매우 나쁜 두 관계'를 뜻하는 '견원지간(犬猿之間)'이 알맞다.
> ② '몹시 놀라 넋을 잃다.'는 뜻의 '혼비백산(魂飛魄散)'이 알맞다.
> ④ '같은 무리끼리 서로 사귀다.'를 뜻하는 '유유상종(類類相從)'이 알맞다.
> ⑤ '겉으로는 같이 행동하면서도 속으로는 각각 딴생각을 하다.'는 뜻의 '동상이몽(同床異夢)'이 알맞다.

**08** 인간과 동물의 공 존 을 보여 주는 코끼리 똥 종 이

> 이 글은 코끼리 똥으로 종이를 만드는 과정을 소개하고, 코끼리 똥 종이가 인간과 동물이 공존하는 데 어떻게 도움을 주는지 설명하고 있다.

**09** ㉠ → ㉢ → ㉡

> 2문단에 코끼리 똥으로 종이를 만드는 과정이 나와 있다.

**10** ④ 종이 낭비에 따른 환경 오염이 심각해졌다.

> 코끼리 똥 종이가 나온 뒤에 종이가 낭비되어 환경 오염이 심각해졌다는 내용은 찾아볼 수 없다. 코끼리 똥을 이용해 종이를 만들면서 관련 일자리가 생겨났고(①), 코끼리가 사는 마을의 경제에 도움이 되었다(⑤). 코끼리 똥 종이를 팔아 번 돈(②)의 일부는 코끼리를 보호하는 데 쓰였다(③).

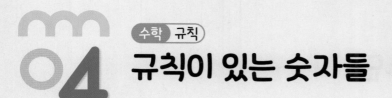
**01** **1** ( 꼭 같다 | 벗어나다 )   **2** ( 고생하다 | 경험하다 )

**02** ⑤ 늘어서다

**03** ☑ 빗나가다

'웬일'은 이전과는 달리 전혀 뜻밖의 일을 나타낼 때 사용한다. 따라서 빈칸에는 '생각이 같다.'는 뜻을 가진 어휘가 들어가야 한다.

**04** **1** 직선   **2** 나선   **3** 곡선

**05** **1** ( 껍질 | 껍데기 )
**2** ( 껍질 | 껍데기 )
**3** ( 껍질 | 껍데기 )
**4** ( 껍질 | 껍데기 )

**06** **1** ㉡   **2** ㉠   **3** ㉢

**07** ☑ 언행일치(言行一致)

동생은 형부터 자기가 한 말처럼 행동하는 모습을 보여 줬으면 좋겠다고 말하고 있다. 이와 어울리는 한자 성어는 '말과 행동이 하나로 들어맞다. 또는 말한 대로 실행하다.'를 뜻하는 '언행일치(言行一致)'이다.

**08** 피 보 나 치 수 열 의 규칙과 자연에서 찾아볼 수 있는 예

이 글은 바로 앞의 두 개의 수를 더한 것이 뒤의 수와 일치한다는 피보나치수열의 규칙을 설명하고 있다. 그런 다음, 수학뿐 아니라 자연에서도 피보나치수열을 찾을 수 있음을 해바라기 씨앗을 예로 들어 설명하고 있다.

**09** ④ 해바라기 씨앗의 배열 모양은 꽃이 햇빛을 골고루 받기 위한 것이다.

해바라기 씨앗은 중심을 향하여 시계 방향과 반시계 방향의 나선 모양으로 박혀 있는데, 이러한 모양은 씨앗이 좁은 공간에 최대한 촘촘하게 들어가 비바람을 잘 견디기 위한 것이라고 했다.

**10** 13

피보나치수열은 바로 앞의 두 개의 수를 더한 것이 뒤의 수가 되므로 빈칸에는 5와 8을 더한 13이 들어간다.

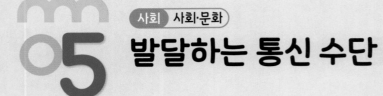

**05** **발달하는 통신 수단**

**01** 실시간

**02** 1 (급속하게| 위태롭게 )    2 ( 경쟁하기 |공유하기 )

**03** ☑ 결정하고

💬 '결정하다'는 '행동이나 태도를 분명하게 정하다.'라는 뜻으로 '담당하다'와 뜻이 비슷하다고 보기 어렵다.

**04** 1 감당    2 당번

**05** 1 ( 맞았다 | 맡았다 )    2 ( 맞아 | 맡아 )    3 ( 맞는지 | 맡는지 )

**06** ⑤ 에디슨은 전기의 원리를 발견하여 실생활에 이용했다.

💬 보기에서 설명한 '실–'은 '실제 실(實)'을 의미한다. '실생활'은 '이론이나 상상이 아닌 실제의 생활'이라는 뜻이므로 여기서의 '실–'은 '실제의'라는 뜻을 더해 준다. ①~④의 '실–'은 모두 '가느다란 또는 엷은'의 뜻을 더해 준다.
① 실구름: 실같이 가늘고 긴 구름              ② 실개천: 폭이 매우 좁고 작은 개천
③ 실핏줄: 매우 가는 실 모양의 혈관           ④ 실눈: 실처럼 가늘게 뜬 눈

**07** ② 우물에 가 숭늉 찾는다

💬 "우물에 가 숭늉 찾는다"라는 속담은 '모든 일에는 질서와 차례가 있는 법인데 일의 순서도 모르고 성급하게 덤빈다.'는 뜻으로 제시된 속담과 뜻이 비슷하다.
① 무슨 일을 하려고 생각했으면 망설이지 말고 곧 행동으로 옮겨야 한다.
③ 거의 다 된 일을 망쳐 버리다.
④ 평소에 흔하던 것도 막상 급하게 쓰려고 구하면 없다.
⑤ 해 줄 사람은 생각지도 않는데 미리부터 다 된 일로 알고 행동한다.

**08** 오늘날 통 신 수단의 특징과 다양한 활용

💬 이 글은 오늘날 과학 기술의 발달로 생겨난 통신 수단의 종류와 특징을 제시하고 있다. 그리고 통신 수단이 정보나 소식을 주고받는 기능 외에 다양하게 활용되고 있음을 예를 들어 설명하고 있다.

**09** ① 직접 가게에 가서 물건을 보고 골랐다.

💬 ㉠을 이용하면 직접 가게에 가지 않고도 온라인에서 쇼핑을 할 수 있다.

**10** ④ 통신 수단의 다양한 기능 덕분에 생활이 편리해질 것이다.

💬 2문단의 마지막 문장에서 글쓴이는 통신 수단이 발달하고 그 기능이 다양해질수록 우리 생활이 더욱 편리해질 것이라고 했다.

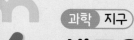
**01** 단면

**02** **1** ( 곧아서 | ⃝구부러져서⃝ )　**2** (⃝똑바로⃝ | 비스듬하게 )

**03** 층층이

**04** **1** 영　**2** 등

**05** **1** ( 솔직이 | ⃝솔직히⃝ )

**2** (⃝층층이⃝ | 층층히 )

**3** (⃝일일이⃝ | 일일히 )

**4** ( 조용이 | ⃝조용히⃝ )

> '–이'와 '–히'를 구별할 때, 어휘 뒤에 '–하다'를 붙일 수 있는 말은 보통 '–히'로 쓰고, 그렇지 않은 말은 '–이'를 쓴다.
> '솔직하다', '조용하다'라는 어휘가 있으므로 **1** , **4** 는 '솔직히', '조용히'라고 쓴다.
> '층층하다', '일일하다'라는 어휘는 없으므로 **2** , **3** 은 '층층이', '일일이'라고 쓴다.

**06** **1** 만들어지다　**2** 이루어지다　**3** 나누어지다

**07** ② 시험 시간이 끝나 가는데 문제를 반도 못 풀었다.

> 시험 시간이 끝나 가는데 시험 문제를 반도 못 풀었다면 마음이 매우 조마조마하고 아슬아슬할 것이다. 이러한 상황을 '누란지위(累卵之危)'라고 표현할 수 있다.

**08** 지 층 의 특징과 지 층 을 통해 알 수 있는 사실

> 이 글은 지층이 만들어지는 과정을 통해 지층의 뜻을 설명하고, 지층의 특징을 제시하였다. 또한 지층을 통해 암석이 쌓일 당시의 기후와 환경 등 지구의 과거에 대해 알 수 있음을 설명하였다.

**09** ⑤ 땅속에서 작용하는 힘의 세기에 따라 층마다 크기, 색깔, 두께가 다르다.

> 지층의 층마다 알갱이의 크기, 색깔, 두께가 다른 것은 지층을 이루는 암석의 종류가 다르기 때문이다. 땅속에서 작용하는 힘의 세기에 따라 달라지는 것은 지층의 모양이다.

**10** ④ 기후가 건조하고 땅이 메말랐다.

> 지층은 암석이 쌓일 당시의 기후와 환경 등을 알려 주는데, 지층에 갈라진 틈이 많으면 당시 기후가 건조하고 메말랐다는 것을 짐작할 수 있다고 했다.

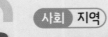

# 07 서로 돕고 사는 촌락과 도시

본문 32-35쪽

**01** 밀집

**02** **1** ㉡  **2** ㉠

**03** **1** ( 쓸쓸하다 | 단순하다 |⃝복잡하다⃝ )  **2** ( 익히고 |⃝주고받고⃝| 발전시키고 )

**04** 오밀조밀

💬 '오밀조밀(쌓다 奧, 빽빽하다 密, 촘촘하다 稠, 빽빽하다 密)'은 물건, 건물 등이 빈틈없이 모여 있는 모양을 나타내는 말이다.

**05** **1** [⃝출발⃝| 출빨 ]  **2** [ 갈증 |⃝갈쯩⃝]  **3** [ 발동 |⃝발똥⃝]

💬 **1** 출발(出發)은 'ㄹ' 받침 뒤에 'ㅂ'이 오므로 보기의 경우에 해당되지 않는다. 따라서 [출발]로 발음한다.
**2** 갈증(渴症)은 'ㄹ' 받침 뒤에 'ㅈ'이 오므로 [갈쯩]으로 발음한다.
**3** 발동(發動)은 'ㄹ' 받침 뒤에 'ㄷ'이 오므로 [발똥]으로 발음한다.

**06** **1** [ 뛰다 ] + [ 놀다 ]  **2** [ 오르다 ] + [ 내리다 ]

**07** ④ 콩 심은 데 콩 나고 팥 심은 데 팥 난다

💬 ④는 '모든 일에는 원인에 걸맞는 결과가 나타난다.'는 뜻으로 밑줄 그은 내용과 뜻이 비슷하다.
① 어떤 일이나 물건이 드문드문 있다.
② 행동이 무척 빠르거나 성질이 급하여 무엇이든지 당장 해치우려고 한다.
③ 대수롭지 않은 일을 지나치게 구별하거나 간섭한다.
⑤ 아무리 사실대로 말해도 믿지 않는다.

**08** 촌락과 도시의 특징 및 촌락과 도시가 [ 교 ][ 류 ]하여 얻을 수 있는 점

💬 이 글은 촌락과 도시의 특징을 설명한 뒤에 각 지역이 안고 있는 문제점을 설명하고 있다. 그리고 촌락과 도시가 교류하며 발전해야 하는 관계임을 말하고 있다.

**09** ① 촌락은 주로 자연에서 필요한 것을 얻는구나.

💬 ①은 이 글의 첫 번째 문장에서 알 수 있는 사실이다.
② 촌락에는 문화 시설과 편의 시설이 부족해 주민들이 불편을 겪고 있다고 했다.
③, ⑤ 촌락은 일손이 모자라고, 도시는 인구가 밀집해 있다고 했다.
④ 도시는 차량이 많아 교통이 혼잡하고 환경 오염이 심각하다고 했다.

**10** **1** ㉡  **2** ㉠

💬 2문단에서 도시에 농수산물 직거래 장터를 열어 교류했을 때 촌락 사람들과 도시 사람들 각각에게 좋은 점을 찾을 수 있다.

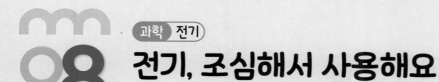
**01**  **1** 절약   **2** 감전

**02**  낭비

**03**  ② 검사

**04**  **1** 전류   **2** 전화기

**05**  **1** 낭비되다
   **2** 정돈되다
   **3** 전시되다

> **1** 낭비되다: 시간이나 재물 따위가 헛되이 헤프게 쓰이다.
> **2** 정돈되다: 어지럽게 흩어진 것이 규모 있게 고쳐져 놓이거나 가지런히 바로잡혀 정리되다.
> **3** 전시되다: 여러 물품이 한곳에 벌여 놓아져 볼 수 있게 되다.

**06**  ⑤ 작은 것을 아끼려다가 오히려 큰 손해를 볼 수 있다.

> 작은 기와 한 장 값을 아끼려다가 더 크고 중요한 대들보가 썩게 된다는 것이므로 ⑤가 속담이 말하고자 하는 내용
> 으로 알맞다.

**07**  ☑ 노심초사(勞心焦思)

> 준호가 외출 전에 집안을 제대로 점검했는지 마음을 쓰며 걱정하는 상황이므로, 어떤 일에 대한 걱정과 우려로 몹
> 시 불안한 상태를 가리키는 '노심초사(勞心焦思)'가 어울린다.

**08**  전기를 안전하게 사용하고 절 약 하는 방법

> 이 글은 전기를 안전하게 사용하는 방법과 전기를 절약하는 방법을 설명하고 있다.

**09**  ① 여름에는 가장 낮은 온도로 에어컨을 켠다.

> 여름에 냉방을 하거나 겨울에 난방을 할 때 너무 춥거나 덥지 않게 적정 온도를 지켜야 전기를 절약할 수 있다. ①
> 은 전기를 낭비하는 경우에 해당한다.

**10**  지우

> 1문단에서 전기를 안전하게 사용하려면 하나의 콘센트에 여러 개의 플러그를 꽂아 쓰지 않아야 한다고 했다.

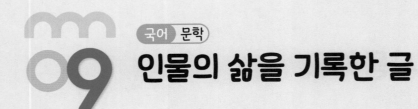
**01** 　**1** 실재　　**2** 남다르다

**02** 　☑ 순간

**03** 　**1** ┃무난하다 ┃ (특별하다) ┃ 수상하다 ┃　**2** ┃ 과거 ┃ 현재 ┃ (미래) ┃

**04** 　**1** 실현　　**2** 실습　　**3** 실행

**05** 　**1** 실제　　**2** 실재　　**3** 실제

　　💬 **1** 아버지의 '사실' 나이보다 젊게 보인다는 뜻이므로 '실제'를 쓴다.
　　**2** 구미호는 실제로 '존재'하지 않는 전설 속 동물이라는 뜻이므로 '실재'를 쓴다.
　　**3** 이 영화는 거짓이나 상상이 아니고 현실적으로 있었던 '사실'을 바탕으로 제작했다는 뜻이므로 '실제'를 쓴다.

**06** 　④ 일생에 보람 있는 일을 해 놓아야 후세에 명예를 떨칠 수 있다.

　　💬 밑줄 그은 속담은 호랑이가 죽은 다음에 귀한 가죽을 남기듯이, 사람은 살아 있는 동안에 훌륭한 일을 해야 후세에 명예로운 이름을 남길 수 있다는 뜻이다.

**07** 　⑤ 민수는 신입 농구부원 중 군계일학이라고 할 정도로 실력이 뛰어났다.

　　💬 민수가 신입 농구부원들 가운데에서도 뛰어난 실력을 갖고 있다는 것이므로 '군계일학(群鷄一鶴)'과 어울린다.
　　① 독불장군(獨不將軍): 무슨 일이든 자기 생각대로 혼자서 처리하는 사람
　　② 후안무치(厚顔無恥): 뻔뻔스러워 부끄러움이 없다.
　　③ 근묵자흑(近墨者黑): 나쁜 사람과 가까이 지내면 나쁜 버릇에 물들기 쉽다.
　　④ 난형난제(難兄難弟): 두 사물이 비슷하여 낫고 못함을 정하기 어렵다.

**08** 　│전│기│문│ 의 뜻과 네 가지 특징

　　💬 이 글은 전기문의 뜻과 전기문에서 다루는 내용을 제시하고, 전기문의 특징을 네 가지로 나누어 설명하고 있다.

**09** 　⑤ 인물의 출생부터 죽음까지 세세한 일이 모두 드러난다.

　　💬 전기문은 인물의 삶 전체를 다룰 수도 있고 그 가운데 중요한 사건만을 다룰 수도 있다.

**10** 　송희

　　💬 전기문은 후세에 전해 내려와 읽는 이에게 감동과 교훈을 준다고 했으므로 송희의 반응이 알맞다.
　　• 지아: 전기문은 사실을 바탕으로 쓰는 글이므로 인물의 업적을 부풀리거나 좋은 면만 쓰는 것은 옳지 않다.
　　• 강민: 개인적 환경도 인물을 나타내는 데 중요한 역할을 하므로 전기문에 필요한 내용이다.

# 10 블록을 이용한 게임

수학 도형

**01** 단순

**02** 무작위

**03** 1 ( 맞섰다 | 맞붙었다 | 맞잡았다 )
　　2 ( 옮겼다 | 걸쳤다 | 채웠다 )

**04** 1 무질서　2 무료　3 무책임

**05** 1 ( 멘다 | 맨다 )　2 ( 메도록 | 매도록 )　3 ( 메고 | 매고 )

　　💬 1 목이 막힌다는 것이므로 '메다'의 ㉠의 뜻이 알맞다.
　　　　2 안전띠가 풀어지지 않게 묶는다는 것이므로 '매다'가 알맞다.
　　　　3 가방을 어깨에 걸쳤다는 것이므로 '메다'의 ㉡의 뜻이 알맞다.

**06** 1 ㉢　2 ㉡　3 ㉠

**07** ⑤ 집이 어디냐는 질문에 지수는 하늘이 참 푸르다고 <u>단도직입</u>으로 말했다.

　　💬 ⑤는 지수가 물음과는 전혀 상관없는 엉뚱한 대답을 한 상황이다. 따라서 ⑤에는 '동쪽을 묻는데 서쪽을 대답한다.' 는 뜻의 '동문서답(東問西答)'이 어울린다. 나머지는 모두 핵심만 빠르고 단순하게 말한다는 뜻의 '단도직입(單刀直入)'이 어울린다.

**08** 테트리스 게임의 ⌞규⌟ ⌞칙⌟ 과 게임에 쓰이는 블록들

　　💬 이 글은 테트리스 게임의 규칙을 설명한 뒤에, 테트리스 게임에 쓰이는 블록인 테트로미노가 왜 일곱 개인지를 설명하고 있다.

**09** ① 블록의 모양에 따라 나오는 순서가 있다.

　　💬 1문단에서 테트리스는 블록들이 정해진 규칙 없이 무작위로 나온다고 했다.
　　　　② 블록들이 계속 쌓여서 꼭대기까지 가득 차면 게임이 끝난다.
　　　　③ 빈틈없이 가로 한 줄을 채우면 점수를 얻고, 그 줄은 없어진다.
　　　　④ 테트리스에 사용되는 테트로미노 블록은 정사각형 네 개를 변끼리 맞닿게 붙여서 만든 것이다.
　　　　⑤ 위에서 떨어지는 블록들을 밀거나 돌려서 빈틈없이 쌓으면 된다.

**10** ⑤

　　💬 2문단을 보면 '뒤집기'란 어느 한 직선을 중심으로 접었을 때 포개어지도록 이동하는 것이라고 했다. 점선을 기준으로 접었을 때 두 그림이 같으려면 ⑤ 모양이 되어야 한다.

**01** ③ 분포

💬 ② 분량: 수량의 많고 적음이나 부피의 크고 작은 정도
④ 배포: 신문이나 책자 따위를 널리 나누어 주다.

**02**
**1** ⟨꾀어내다⟩ | 쫓아내다 | 찾아내다

**2** 색다르다 | 특이하다 | ⟨평범하다⟩

**03** **1** ㉢  **2** ㉠  **3** ㉡

**04** **1** 분석  **2** 분리

**05** **1** ( 뵈서 | ⟨봬서⟩)  **2** ( 걱정되서 | ⟨걱정돼서⟩)

**3** (⟨꾀어내기가⟩ | 꽤어내기가 )

💬 **1** '뵈어서'에서 '뵈어'가 줄어든 말인 '봬서'를 쓰는 것이 알맞다.
**2** '걱정되어서'에서 '되어'가 줄어든 말인 '걱정돼서'를 쓰는 것이 알맞다.
**3** '꾀다'에 '-어내다'가 붙으면 '꾀어내다'가 되므로 '꾀어내기가'가 알맞다.

**06** ③ 어떤 일의 낌새를 눈치채다.

💬 '냄새를 맡다'는 ③의 뜻으로, 경찰이 뒤를 쫓고 있다는 낌새를 범인이 눈치챈 듯하다는 뜻으로 사용되었다.
①은 '발이 넓다', ②는 '눈이 번쩍 뜨이다', ④는 '겁에 질리다', ⑤는 '얼굴이 두껍다'의 뜻이다.

**07** ⑤ 허허벌판이었던 곳에 아파트가 빈틈없이 들어서서 **풍비박산**이 되었다.

💬 ⑤의 '허허벌판'은 '끝없이 넓고 큰 벌판'을 가리킨다. 넓은 벌판에 아파트가 빈틈없이 들어선 것은 사방으로 날아
흩어지는 것을 뜻하는 '풍비박산(風飛雹散)'과 관련이 없다.

**08** '라플레시아'라는 [꽃]의 특징과 이름이 지어진 이야기

💬 이 글은 세상에서 제일 큰 꽃인 라플레시아를 소개하고, 라플레시아의 특징과 이름의 유래 등에 대해 설명하고 있다.

**09** ② 한 번 핀 꽃은 몇 달 동안 시들지 않는다.

💬 라플레시아의 커다란 꽃은 피는 데만 한 달이 걸리는데, 꽃은 일주일 정도 피었다가 시들어 버린다.

**10** ③ 곤충을 유인해 꽃가루를 옮기기 위해서

💬 라플레시아는 고기가 썩는 것 같은 고약한 냄새로 파리를 비롯한 곤충들을 유인하여 꽃가루를 옮긴다.

# 12 모두 함께 사는 세상

**01** **1** 편견  **2** 차별

**02** **1** ㉢  **2** ㉠

**03** ☑ 머무르지

**04** **1** 편애  **2** 편식

**05** **1** ( (그치지) | 그르치지 )  **2** ( 그치지 | (그르치지) )  **3** ( (그쳤다) | 그르쳤다 )

> **1** 생각하는 것에 머무른다는 것이므로 '그치다'가 알맞다.
> **2** 큰일이 안 되게 한다는 것이므로 '그르치다'가 알맞다.
> **3** 준우승에 머물렀다는 것이므로 '그치다'가 알맞다.

**06** ⑤ 자장면을 곱빼기로 시켰다.

> '곱빼기'는 '곱＋－빼기'로 나눌 수 있다. '－빼기'는 몇몇 어휘 뒤에 붙어 '그런 특성이 있는 사람이나 물건'의 뜻을 더하는 말이다.
> ①은 '먹(다)＋－기', ②는 '많(다)＋－기', ③은 '배우(다)＋－기', ④는 '내리(다)＋－기'로 나눌 수 있다.

**07** ⑤ 사람 위에 사람 없고 사람 밑에 사람 없다

> 이어지는 내용으로 보아 밑줄 그은 부분에는 남성과 여성이 모두 평등하다는 뜻을 담은 속담이 들어가는 것이 알맞다. ⑤는 '사람은 본래 태어날 때부터 권리나 의무가 평등하다.'를 뜻하는 속담이다.
> ① 사람은 함께 오랫동안 지내보아야 알 수 있다.
> ② 아무리 어려운 경우에 처하더라도 살아 나갈 방도가 생긴다.
> ③ 사람은 일생 동안 끊임없이 배우고 갈고 닦아야 한다.
> ④ 아무리 돈이 귀해도 사람보다 더 귀할 수는 없다.

**08** ' 배 리 어 프 리 '의 필요성과 구체적인 예

> 이 글은 '배리어 프리'가 어떻게 시작되었는지 소개한 다음 '배리어 프리'의 뜻과 그 예를 구체적으로 설명하고 있다.

**09** ① '배리어 프리'의 뜻은?

> 이 글을 읽고 답할 수 있는 질문은 ①이다. ②~⑤는 이 글에 나오지 않은 내용에 대한 질문이다.

**10** ④ 회사에서 사람을 뽑을 때 무조건 나이가 가장 많은 지원자를 뽑는다.

> 나이가 많다고 해서 일할 기회를 주지 않는 것도 차별이지만, 무조건 나이가 많은 사람을 뽑는 것도 차별이다. 따라서 ④는 '배리어 프리'의 예로 알맞지 않다.

**01** 1 (도움| 중단 )  2 (쓰다| 포기하다 )

**02** 예방

**03** (증명| 집중 )

**04** 1 예보  2 예정

**05** ⑤ 해가 지자 촛불을 켜서 어둠을 <u>밝히다</u>.

  ⑤의 '밝히다'는 '어두운 곳을 환하게 하다.'라는 뜻으로 쓰였다.
  ①~④는 모두 보기에 제시된 ⓒ의 뜻으로 쓰였다.

**06** 1 (아낌없이| 아낌 없이 )

  2 (틀림없이| 틀림 없이 )

  3 ( 부담없이 |부담 없이)

  1 '아낌없다'는 '주거나 쓰는 데 아까워하는 마음이 없다.'라는 뜻의 한 낱말이므로 붙여 쓴다.
  2 '틀림없다'는 '조금도 어긋나는 일이 없다.'라는 뜻의 한 낱말이므로 붙여 쓴다.
  3 '부담'과 '없다'가 각기 다른 낱말이므로 '부담 없이'로 띄어 쓴다.

**07** 1 ⓒ  2 ㉠

  1 '설마'는 '그럴 리는 없겠지만'의 뜻으로 어떤 일이 일어날 가능성을 인정하지 않는 것이다. 즉 이 속담은 그럴 리가 없을 것이라고 마음을 놓으면 탈이 난다는 교훈을 전한다.
  2 지키는 사람이 열 명이어도 도둑 하나를 못 막을 수 있듯이 갑자기 생기는 불행은 막기 어렵다는 뜻이다.

**08** 미 생 물 을 연구한 파스퇴르

  이 글은 눈에 보이지 않는 미생물을 연구하여 오늘날 과학과 의학 발전에 이바지한 파스퇴르의 업적에 대해 설명하고 있다.

**09** ② 파스퇴르는 미생물과 상관없이 포도주가 상한다고 생각했다.

  파스퇴르는 포도주가 공기 속에 있는 미생물과 접촉하면 상한다는 것을 입증했다.

**10** 백신

  파스퇴르가 만든 백신은 미생물에 들어 있는 질병을 일으키는 균을 분리해서 배양한 뒤 독성을 줄여 약하게 만든 것으로, 전염병을 예방하고 치료한다.

## 14 경제 활동을 해요

사회 경제

**01** **1** ((반하여) | 더하여 )　**2** ((한정되어) | 포함되어 )

**02** **1** | 만족 | 불만 | (욕심) |　**2** | 사다 | (팔다) | 만들다 |

**03** **1** ㉡　**2** ㉠　**3** ㉢

**04** **1** 한계　**2** 기한

**05** **1** [ (사들였다) / 사드렸다 ]　**2** [ (받아들일) / 받아드릴 ]　**3** [ 두들였다 / (두드렸다) ]

> **1** 사들이다: 물건을 사서 들여오다.
> **2** 받아들이다: 받아들여서 자기 것으로 되게 하다.
> **3** 두드리다: 소리가 나도록 잇따라 치거나 때리다.

**06** ④ 날개가 돋치다

> '날개가 돋치다'는 '상품이 인기가 좋아 빠른 속도로 팔려 나가다.'라는 뜻으로 밑줄 그은 부분과 뜻이 통한다.
> ① 생각, 감정, 기운 따위를 힘차고 자유롭게 펼치다.
> ② 사업이 잘 안되어 한가하다.
> ③ 공격의 의도나 불평불만이 많이 있다.
> ⑤ 거절하거나 인정하지 않으며 손을 펴서 공중을 휘젓다.

**07** ☑ 견물생심(見物生心)

> 윤재는 백화점에서 가방을 계속 보다 보니 그것을 갖고 싶은 욕심이 생겼다. 이와 관련한 한자 성어는 '견물생심(見物生心)'이다.

**08** | 경 | 제 | 활 | 동 | 의 뜻과 현명한 선택을 하는 방법

> 이 글은 경제 활동의 뜻을 설명한 뒤에 소비 활동을 할 때 사람들이 선택에 어려움을 겪는 이유를 제시하고, 현명한 선택을 하는 방법을 설명하고 있다.

**09** ② 동생에게 책을 읽어 주는 일

> 동생에게 책을 읽어 주는 일은 경제 활동과 관련이 없다.
> ① 소비 활동이다.　　　　　　　　　③ 생산 활동 중 1차 산업에 해당한다.
> ④ 생산 활동 중 2차 산업에 해당한다.　⑤ 생산 활동 중 3차 산업에 해당한다.

**10** ⑤ 다른 사람들도 가지고 있는 물건인가?

> 현명한 선택을 하기 위해서는 사려는 물건이 자신에게 꼭 필요한지, 가격이 적당한지, 품질이 좋은지, 자신에게 만족감을 주는지 등을 따져 보아야 한다. ⑤는 물건을 살 때 현명한 선택을 하기 위한 것과 거리가 멀다.

# 15 물이 부족해요

**01** 1 ( 심해지게 | (깨끗하게) )   2 ((함부로) | 재빨리 )

**02** 해결책

**03** ② 가지고

**04** 1 보관   2 보온

**05** 1 [ (함부로) / 함부러 ]   2 [ (비로소) / 비로서 ]   3 [ 일부로 / (일부러) ]

💬 1 '조심하거나 깊이 생각하지 않고 마음 내키는 대로 마구'의 뜻을 지닌 어휘는 '함부로'이다.
  2 '어느 한 순간을 기준으로 어떤 일이나 현상이 이루어지거나 변화하기 시작하다.'의 뜻을 지닌 어휘는 '비로소'이다.
  3 '어떤 목적이나 생각을 가지고, 또는 마음을 내어 굳이'의 뜻을 지닌 어휘는 '일부러'이다.

**06** ☑ 그림의 떡

💬 스마트폰이 아무리 갖고 싶어도 가격이 비싸서 사지 못하는 상황이므로 '그림의 떡'이 어울린다.

**07** ② 몸에 좋은 음식이라고 너무 많이 먹었다가 배탈이 났다.

💬 ②는 몸에 좋은 음식이라고 지나치게 많이 먹었다가 오히려 몸이 아프게 된 상황이므로 '과유불급'과 어울린다.
  ① 우공이산(愚公移山): 우공이 산을 옮긴다는 뜻. 어떤 일이든 끊임없이 노력하면 반드시 이루어진다.
  ③ 금의환향(錦衣還鄉): 성공이나 출세를 하여 고향에 돌아오다.
  ④ 칠전팔기(七顚八起): 일곱 번 넘어지고 여덟 번 일어난다는 뜻. 여러 번 실패하여도 굴하지 아니하고 꾸준히 노력하다.
  ⑤ 작심삼일(作心三日): 결심이 굳지 못하다.

**08** 물이 부족한 까닭과 물 [부][족] 을 해결하기 위한 방안

💬 이 글은 물이 부족한 까닭을 제시하고, 물 부족을 해결하기 위한 방안으로 '해수 담수화 기술'과 '빗물 저금통'을 예로 들어 설명하고 있다.

**09** ④ 해수 담수화 기술로 바닷물을 먹는 물로 바꿀 수 있다.

💬 해수 담수화 기술은 바닷물에서 소금 성분을 제거하여 먹는 물이나 생활용수로 바꾸는 것이라고 했으므로 ④가 알맞다.

**10** ① 전기를 만들어 낸다.

💬 빗물 저금통은 빗물을 저장해 두었다가 정화하여 이용하는 시설이다. 빗물 저금통에 모은 빗물을 활용하여 전기를 만들어 낼 수 있다고 하지는 않았다.

# 16 거울이 비추는 세계

본문 68-71쪽

**01** **1** 비치 **2** 직진

**02** 일정

**03** **1** ㉡ **2** ㉠ **3** ㉢

**04** **1** 준비 **2** 예비

**05** **1** ( 비치 | (배치) ) **2** ( 비치 | (배치) ) **3** ( (비치) | 배치 )

**06** ④ 맞서 싸워도 도저히 이길 수 없는 경우

> 바위에 달걀을 부딪치면 달걀만 깨질 뿐 바위는 아무 손상을 입지 않는다. 즉 "바위에 달걀 부딪치기"는 보잘것없고 힘없는 것이 강한 것에 아무리 맞서도 이길 수 없는 경우에 사용한다.

**07** ③ 갑작스러운 폭설로 도로가 마비되어 <u>진퇴양난</u>에 처했다.

> 도로가 마비되어 이러지도 저러지도 못하는 상황인 ③이 '진퇴양난'과 어울린다.
> ① 학수고대(鶴首苦待): 학의 목처럼 목을 길게 빼고 간절히 기다리다.
> ② 칠전팔기(七顚八起): 일곱 번 넘어지고 여덟 번 일어난다는 뜻. 여러 번 실패하여도 굴하지 아니하고 꾸준히 노력하다.
> ④ 과유불급(過猶不及): 정도를 지나침은 미치지 못함과 같다.
> ⑤ 청출어람(靑出於藍): 제자나 후배가 스승이나 선배보다 낫다.

**08** 빛이 반 사 하는 성질을 이용한 거울

> 이 글은 거울이 빛의 어떤 성질을 이용하여 만들어졌는지 설명하고, 거울의 종류와 각각의 특징 및 예를 제시하고 있다.

**09** ③ 물체의 모습이 실제 크기와 가장 비슷하게 보이는 거울은 볼록 거울이다.

> 2문단에서 평면거울이 모든 빛을 일정한 각도로 반사해서 물체의 모습을 실제 크기와 비슷하게 보여 준다고 했다. 볼록 거울은 빛을 널리 퍼지게 반사해서 물체가 작게 보이기 때문에 넓은 범위를 볼 때 사용한다고 했다.

**10** ☑ 오목 거울

> 오목 거울은 빛을 모으거나 사물을 크게 볼 때 사용하므로 손전등의 거울이나 치과용 거울 등에 쓰인다. 평면거울은 일상생활에서 흔히 사용하는 거울로 쓰인다. 볼록 거울은 넓은 범위를 볼 때 사용하므로 굽은 도로에 비치하는 거울로 쓰인다.

**01** **1** ( 붙는 | (휘둘리는) | 되돌리는 )　**2** ( 비교하고 | 구별하고 | (판단하고) )

**02** 설득

**03** 　사실 ｜ (거짓) ｜ 정직　

**04** **1** 해설　**2** 설문

**05** **1** 휘날리다　**2** 휘젓다　**3** 휘둘리다

**06** **1** ( (소개해) | 소개시켜 )

　　**2** ( (포함해서) | 포함시켜서 )

　　**3** ( (금지한다) | 금지시킨다 )

💬 '소개하다'는 '서로 모르는 사람들 사이에서 양쪽이 알고 지내도록 관계를 맺어 주다.', '포함하다'는 '어떤 무리나 범위에 함께 들어가게 하거나 함께 넣다.', '금지하다'는 '법이나 규칙이나 명령으로 어떤 행위를 하지 못하게 하다.'라는 뜻이다. 셋 다 어휘 자체에 '남에게 어떤 일이나 행동을 하게 하다.'의 뜻이 담겨 있으므로 '소개하다', '포함하다', '금지하다'라고 써야 한다.

**07** ☑ 귀가 얇다

💬 할아버지께서 장사꾼의 말에 속는 줄도 모르고 건강식품을 사는 데 많은 돈을 쓰신 상황이므로 '귀가 얇다'가 알맞다.

**08** 글을 읽을 때 사실과 　의　　견　을 구분해야 하는 이유

💬 이 글은 사실과 의견의 뜻을 예문을 들어 제시한 뒤에, 이 둘을 구분하여 글을 읽어야 하는 이유를 설명하고 있다.

**09** ⑤ 글쓴이 한 사람의 생각을 사실이라 판단할 수 있다.

💬 2문단에서 사실과 의견을 구분하지 못하면 글쓴이 한 사람의 생각을 사실이라 판단하는 잘못을 저지를 수 있다고 했다. 따라서 ⑤는 사실과 의견을 구분하며 글을 읽어서 얻을 수 있는 효과로 알맞지 않다.

**10** ③ 경주에 가면 불국사와 석굴암을 볼 수 있다.

💬 '사실'은 실제로 있었던 일이나 현재에 일어나고 있는 일, '의견'은 어떤 일이나 대상에 대한 생각을 말한다. ③은 실제로 경주에 가면 불국사와 석굴암을 볼 수 있으므로 '사실'에 해당한다.

# 18 조선 구석구석을 지도에 담다

본문 76-79쪽

**01** 1 ( 묶이는 | **구분되는** )   2 (**완전한** | 손쉬운 )

**02** ☑ 간단하게

**03** 1 ⓒ   2 ⊙

**04** 1 모집   2 집합

**05** 1 ( 세겼다 | **새겼다** )   2 (**상세** | 상새 )
3 ( 경게 | **경계** )   4 (**몸무게** | 몸무계 )

**06** ⑤ 일의 속사정을 상세히 알아보다.

> 　 '미주알고주알'은 '아주 사소한 일까지 빠짐없이 모두'라는 뜻이다. 따라서 "미주알고주알 캔다"라는 속담은 일의 속
> 사정을 상세히 알아보는 경우를 이른다.

**07** ③ 가장 친한 친구를 배신하다니 <u>각골난망</u>하겠다.

> 　 '각골난망(刻骨難忘)'은 다른 사람에게 잊을 수 없는 큰 은혜를 입었을 때 고마움의 뜻으로 하는 말이다. 따라서 배
> 신한 사람을 잊지 않겠다는 뜻으로 사용하는 것은 알맞지 않다.

**08** 대 동 여 지 도 의 특징과 우수성

> 　 이 글은 우리나라의 옛날 지도 중 가장 널리 알려진 대동여지도를 만든 사람, 대동여지도의 크기와 특징, 우수성을
> 설명하고 있다.

**09** ② 무거워서 가지고 다닐 수 없었다.

> 　 대동여지도는 나무판에 새긴 지도를 22권의 책에 나누어 찍은 것이다. 이 책들은 병풍처럼 접었다 폈다 할 수 있어
> 서 사람들이 가지고 다니기에 편리했다.

**10** ⑤ 큰 고을과 역을 기호로 표시하면 지리 정보를 쉽게 확인할 수 있을 거야.

> 　 김정호는 대동여지도에 큰 고을과 역을 기호로 나타내 지리 정보를 쉽게 파악할 수 있게 했으므로 ⑤가 알맞다.
> ① 대동여지도는 똑같은 지도를 계속 인쇄할 수 있어서 지도가 필요한 백성 누구나 사용할 수 있었다.
> ② 우리나라에는 예부터 지도가 있었고, 김정호는 기존의 지도와 지리책들을 집대성하여 대동여지도를 만들었다.
> ③ 10리마다 점을 찍어 표시한 것은 지도를 보고 실제 거리를 예상할 수 있게 한 것이다.
> ④ 우리나라의 산줄기와 물줄기를 중심으로 자연환경을 상세하게 묘사했다.

**01** ④ 시행

**02** **1** ( (한) | 두 )   **2** ( 일치 | (차이) )

**03** ☑ 불렀다

**04** **1** 오산   **2** 오답

**05** **1** 다섯˅척   **2** 한˅송이   **3** 스무˅포기

> **1** '척'은 배를 세는 단위이다. 수를 나타내는 '다섯'과 띄어 써야 한다.
> **2** '송이'는 꽃이나 열매 따위를 세는 단위이다. 수를 나타내는 '한'과 띄어 써야 한다.
> **3** '포기'는 뿌리를 단위로 한 풀이나 나무를 세는 단위이다. 수를 나타내는 '스무'와 띄어 써야 한다.

**06** ③ 바늘 도둑이 소도둑 된다

> "바늘 도둑이 소도둑 된다"라는 속담은 자그마한 나쁜 일도 자꾸 해서 버릇이 되면 나중에는 큰 죄를 저지르게 된다는 말로 밑줄 그은 부분에 들어가기에 알맞다.
> ① 지은 죄가 있으면 자연히 마음이 조마조마하다.
> ② 사이가 매우 가까워서 언제나 함께 다닌다.
> ④ 어리석은 사람이 뜻밖의 좋은 성과를 내다.
> ⑤ 빈틈없고 차가운 성격을 지니고 있다.

**07** ⑤ 우리 가족은 건강을 생각해 백미에 현미를 섞어서 밥을 짓는다.

> ⑤에 쓰인 '백미(白米)'는 흰쌀이라는 뜻이다.
> ①~④는 모두 한자 성어 '백미(白眉)'의 뜻으로 쓰였다.

**08** 윤 년 을 두는 까닭과 윤 년 을 정하는 규칙

> 이 글은 달력상 날짜와 실제 날짜의 차이를 조절하기 위해 만든 윤년의 뜻과 윤년을 정하는 규칙을 설명하고 있다.

**09** ④ 실제 지구가 태양을 한 바퀴 도는 시간은 365일보다 짧다.

> 실제 지구가 태양의 둘레를 한 바퀴 도는 데는 약 365.24일이 걸린다고 했으므로 365일보다 긴 것을 알 수 있다.

**10** ① 1600년

> 1600년은 400으로 나누어떨어지므로 윤년이다.
> ②의 1800년, ③의 2100년, ④의 2300년, ⑤의 2500년은 100으로는 나누어떨어지지만 400으로는 나누어떨어지지 않으므로 윤년이 아니다.

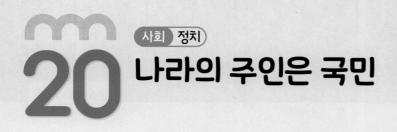

# 20 나라의 주인은 국민

사회 정치

**01** 참여

**02** ☑ 타협해야

**03** **1** ㉡　**2** ㉠

**04** ( 적은 | (많은)), ((찬성과 반대) | 장점과 단점 )

**05** **1** [ (끼어들었다) / 끼여들었다 ]　**2** [ 거에요 / (거예요) ]　**3** [ (모양이었다) / 모양이였다 ]

> **1** '자기 순서나 자리가 아닌 틈 사이를 비집고 들어서다.'라는 뜻을 지닌 어휘는 '끼어들다'이다.
> **2** '것이에요'가 줄어든 말은 '거예요'이다.
> **3** '이다'와 과거를 나타내는 '-었-'이 합해진 말은 '이었다'이다. '이었다'의 준말은 '였다'인데, 받침이 있는 어휘 뒤에는 '이었다'를, 받침이 없는 어휘 뒤에는 '였다'를 쓴다.

**06** ① 약방에 감초

> "약방에 감초"는 한약을 지을 때 감초(한약 재료)를 넣는 경우가 많아 한약방에 감초가 반드시 있다는 데서 나온 말이다. 어떤 일에나 빠짐없이 끼어드는 사람 또는 꼭 있어야 할 물건을 가리킬 때 사용한다.
> ② 도망쳐 봐야 크게 벗어날 수 없다.
> ③ 갈수록 더 어려운 상황이 되다.
> ④ 내 사정이 급하고 어려워서 남을 돌볼 여유가 없다.
> ⑤ 무엇을 얻거나 이루어내기가 매우 어렵다.

**07** ☑ 만장일치(滿場一致)

> 가족이 저녁 식사할 장소를 고르는데, 중국집으로 모두의 의견이 통일되었다. 이 상황을 나타내기에 알맞은 한자성어는 '만장일치(滿場一致)'이다.

**08** 민 주 주 의 의 뜻과 민주주의에서 결정을 내리는 방식

> 이 글은 링컨이 한 말을 소개하며 민주주의의 뜻을 설명하고 있다. 그리고 민주주의에서 사용하는 결정 방식에 대화와 토론, 다수결이 있다는 것을 소개하고 있다.

**09** **1** ㉮　**2** ㉰　**3** ㉯

> 1문단에 ㉠을 구체적으로 설명한 내용이 나와 있다.

**10** 종후

> 2문단에서 다수결이 항상 옳은 것은 아니며, 적은 사람이 선택한 의견도 존중하는 태도가 필요하다고 했다.

**1**  급속

**2**  밀집

**3**  일치

**4** ㉡ 기술, 방법, 물건이나 재료 따위를 끌어 들이다.

💬 ㉠은 '모함'의 뜻이다.

**5** ㉡ 사람이 오가거나 물건, 문화, 기술 등을 서로 주고받다.

💬 ㉠은 '한정'의 뜻이다.

**6** ③ 많은 책을 널리 읽거나 여기저기 찾아다니며 경험하다.

💬 ① '독차지'의 뜻이다.
　　② '바치다'의 뜻이다.
　　④ '그치다'의 뜻이다.
　　⑤ '차별'의 뜻이다.

**7** ⑤ 점검: 아직까지 없던 기술이나 물건을 새로 생각하여 만들어내다.

💬 ⑤는 '발명'의 뜻이다. '점검'은 '빠짐없이 모두 검사하다. 또는 그런 검사'라는 뜻이다.

**8** ① 제작

💬 '제작'은 '재료를 가지고 기술을 들여 새로운 물건이나 예술 작품을 만들다.'라는 뜻이다. 기계를 만들거나 영화를 만들었다는 내용에는 '제작'이 어울린다.

**9** ③ 그 육상 선수는 세계 기록을 <u>분포하고</u> 있다.

💬 '분포'는 '일정한 범위에 흩어져 퍼져 있다.'는 뜻으로 ③의 문장에는 어울리지 않는다. ③에는 '가지고 있거나 간직하고 있다.'는 뜻의 어휘인 '보유하다'가 어울린다.

**10** ☑ 늘어섰다.

💬 '늘어서다'는 '길게 줄지어 서다.'라는 뜻이다. '비치하다'는 '마련하여 갖추어 두다.'라는 뜻이다.

**11** ☑ 층층이

💬 '층층이'는 '여러 층으로 겹겹이 쌓인 모양'을 뜻한다. '깊숙이'는 '위에서 밑바닥까지, 또는 겉에서 속까지의 거리가 멀고 으슥하게'라는 뜻이다.

**12** ⑤ 혼잡하다, 복잡하다

💬 '혼잡'은 '여럿이 한데 뒤섞이어 어수선하다.'라는 뜻이고, '복잡'은 '여럿이 겹치고 뒤섞여 있다.'라는 뜻으로 두 어휘의 뜻이 비슷하다.
①, ②, ③, ④는 뜻이 반대인 어휘끼리 짝 지은 것이다.

**13** ③ 다다랐다

💬 '이르다'는 '어떤 정도나 수준에 달하거나 다다르다.'라는 뜻이므로 ③과 바꾸어 쓸 수 있다.

**14** ② 낭비, 절약

💬 '낭비'는 '돈, 시간, 물건 등을 헛되이 함부로 쓰다.'라는 뜻이다. '절약'은 '함부로 쓰지 않고 꼭 필요한 데에만 써서 아끼다.'라는 뜻이므로 '낭비'와 반대의 뜻을 지닌다.
①, ③, ④, ⑤는 뜻이 비슷한 어휘끼리 짝 지은 것이다.

**15** 감전

💬 '감전'은 '전기가 통하고 있는 물체에 몸이 닿아 충격을 받다.'라는 뜻이다.

**16** 기부

💬 '기부'는 '어려운 사람을 돕거나 공공의 이익을 얻기 위하여 돈이나 물건 따위를 조건 없이 내놓다.'라는 뜻이다.

**17** 실재

💬 '실재'는 '실제로 존재하다.'라는 뜻이다.

**18** ② 눈에 차다

💬 '눈에 차다'에서 '차다'는 '어떤 대상이 흡족하게 마음에 들다.'라는 뜻이다. 그래서 '마음에 들다.'라는 뜻을 나타낸다. 비슷한 뜻의 관용어로 '성에 차다'가 있다.
① 두드러지게 드러나다.
③ 함께 일을 하는 데에 마음이나 의견 따위가 서로 맞다.
④ 여기저기 흔하게 널려 있다.
⑤ 말을 습관처럼 되풀이하거나 자주 사용하다.

**19** ② 요리에 쓰일 재료를 준비도 하지 않고 요리를 시작한 경우

💬 ① "약방에 감초"라는 속담을 사용하기에 알맞다.
③ "바위에 달걀 부딪치기"라는 속담을 사용하기에 알맞다.
④ "서당 개 삼 년에 풍월을 한다"라는 속담을 사용하기에 알맞다.
⑤ "콩 심은 데 콩 나고 팥 심은 데 팥 난다"라는 속담을 사용하기에 알맞다.

**20** ③ 뛰어난

# 실력 확인 2회

**1** ② 휘둘리다

**2** ④ 오차: 물체가 한 바퀴 돌아서 원래의 위치로 오기까지의 기간

💬 ④는 '주기'의 뜻이다. '오차'는 '실제 계산한 값과 정확한 값과의 차이'라는 뜻이다.

**3** ① 한정

💬 '한정'은 '수량이나 범위 따위를 제한하여 정하다. 또는 그런 한도'라는 뜻이다. 케이크를 크리스마스 날에만 제한해서 판매하고, 인원을 스무 명으로 제한하고 있다는 내용에는 '한정'이 어울린다.

**4** ㉠ 거짓이 없는 사실

💬 ㉡은 '편견'의 뜻이다.

**5** ㉡ 법이나 제도 등을 실제로 행하다.

💬 ㉠은 '담당'의 뜻이다.

**6** 분포

**7** 경계

**8** 욕망

**9** ⑤ 전염병을 <u>공유</u>하려면 외출 후에 손을 깨끗이 씻어야 한다.

💬 '공유'는 '두 사람 이상이 한 물건을 함께 가지고 있다.'라는 뜻으로 ⑤의 문장에 어울리지 않는다. ⑤에는 '질병이나 재해가 일어나기 전에 미리 막다.'라는 뜻의 '예방'이라는 어휘가 어울린다.

**10** ☑ 행사하기

💬 '행사하다'는 '힘, 권력, 권리 따위를 실제로 쓰다.'라는 뜻이다. '기부하다'는 '어려운 사람을 돕거나 공공의 이익을 얻기 위하여 돈이나 물건 따위를 조건 없이 내놓다.'라는 뜻이다.

**11** ☑ 판단하기

💬 '판단하다'는 '논리나 기준에 따라 어떠한 것에 대한 자기의 생각을 분명하게 정하다.'라는 뜻이다. '설득하다'는 '상대편이 이쪽 편의 말을 따르거나 이해하도록 잘 설명하거나 타이르다.'라는 뜻이다.

**12** ④ 단순하다, 복잡하다

💬 '단순하다'는 '복잡하지 않고 간단하다.'는 뜻이며, '복잡하다'는 '일이나 감정 따위가 갈피를 잡기 어려울 만큼 여러 가지가 얽혀 있다.'는 뜻으로 두 어휘는 뜻이 반대된다.

**13** ① 드디어 범인이 누구인지 <u>입증할</u> 증거를 찾았다. → 증명할

💬 '입증하다'는 '어떤 증거나 근거를 내세워 사실을 밝히다.'라는 뜻으로, '어떤 사항이나 판단 따위에 대하여 그것이 진실인지 아닌지 증거를 들어서 밝히다.'라는 뜻의 '증명하다'와 바꾸어 쓸 수 있다.

**14** ⑤ 평범한

💬 '독특하다'는 '특별하게 다르다.'라는 뜻으로 '뛰어나거나 색다른 점이 없이 보통이다.'라는 뜻을 지닌 '평범하다'와 뜻이 반대된다.
① '동일한 종류에 속하는 보통의 것과 다른 특색이 있다.'의 뜻이다.
② '보통 수준보다 훨씬 뛰어나다.'의 뜻이다.
③ '보통 것이나 보통 상태에 비하여 두드러지게 다르다.'의 뜻이다.
④ '의심스럽고 이상하다.'의 뜻이다.

**15** 이바지

💬 '이바지'는 '도움이 되게 하다.'라는 뜻이다.

**16** 참여

💬 '참여'는 '어떤 일에 끼어들어 함께 일하다.'라는 뜻이다.

**17** 유인

💬 '유인'은 '주의나 흥미를 일으켜 꾀어내다.'라는 뜻이다.

**18** ④ 상품이 인기가 좋아 빠른 속도로 팔려 나가다.

💬 ① '파리 날리다'의 뜻이다.　② '냄새를 맡다'의 뜻이다.
③ '입이 귀밑까지 이르다'의 뜻이다.　⑤ '그림의 떡'의 뜻이다.

**19** ② 바늘 도둑이 소도둑 된다

💬 작은 물건을 훔치다가 큰돈까지 훔치게 된 사람의 이야기로 '자그마한 나쁜 일도 자꾸 해서 버릇이 되면 나중에는 큰 죄를 저지르게 된다.'라는 뜻의 "바늘 도둑이 소도둑 된다"라는 속담이 어울린다.
① '보잘것없고 힘없는 것이 강한 것에 아무리 맞서도 이길 수 없다.'라는 뜻이다.
③ '한 분야에 오래 있으면 얼마간의 지식과 경험을 습득하게 된다.'라는 뜻이다.
④ '일에는 일정한 순서가 있고 때가 있는 것이므로 아무리 급속하게 일을 처리하고 싶어도 순서를 밟아서 해야 한다.'는 뜻이다.
⑤ '작은 것을 아끼려다가 오히려 큰 손해를 볼 수 있다.'라는 뜻이다.

**20** ① 남용

# 속담·한자 성어 깊이 알기

## 서당 개 삼 년에 풍월을 한다
본문 14쪽

'서당'은 예전에 공부를 가르치던 곳입니다. 서당에서 삼 년 동안 학생들이 글 읽는 소리를 듣다 보면 서당에서 사는 개조차도 글 읽는 소리를 내게 된다는 뜻으로, 이 속담은 '어떤 분야에 대하여 지식과 경험이 전혀 없는 사람이라도 그 분야에 오래 있으면 얼마간의 지식과 경험을 갖게 된다.'는 뜻입니다.

예 서당 개 삼 년에 풍월을 한다고 언니가 공부하는 것을 매일 봤더니 간단한 덧셈 정도는 할 수 있게 되었다.

## 우물에 가 숭늉 찾는다
본문 26쪽

'우물'은 예전에 물을 얻기 위해 땅을 파서 물이 고이게 한 곳입니다. '숭늉'은 '밥을 지은 솥에서 밥을 푼 뒤에 물을 붓고 데운 물'을 말합니다. 즉 우물에는 있지도 않은 숭늉을 우물에 가서 찾는다는 것은 밥도 짓기 전에 숭늉을 찾는다는 말입니다. 이 속담은 '모든 일에는 질서와 차례가 있는 법인데 일의 순서도 모르고 성급하게 덤비는 경우'에 사용할 수 있습니다.

예 우물에 가 숭늉 찾는다고 동생은 조립도 안 한 장난감을 가지고 밖에 나가서 놀자고 한다.

## 바위에 달걀 부딪치기
본문 70쪽

바위는 크기가 크고 단단한 돌입니다. 반면 달걀은 손으로 조금만 세게 잡아도 깨지기 쉽습니다. 바위와 달걀이 대결을 한다면 달걀은 바위에 부딪치자마자 깨질 것입니다. 이 속담은 '맞서 싸워도 도저히 이길 수 없는 경우'에 사용할 수 있습니다.

예 다율이와 재호의 태권도 시합은 완전히 바위에 달걀 부딪치기야.

## 바늘 도둑이 소도둑 된다
본문 82쪽

바늘은 굉장히 작은 물건입니다. 어떤 사람이 이 바늘을 훔치기 시작했습니다. 이 사람은 바늘을 훔치다 보니 더 큰 것을 훔치고 싶었고, 계속해서 훔치다 보니 결국은 소까지 훔치는 경우에 이르게 되었습니다. 이 속담은 '작은 나쁜 짓도 자꾸 하게 되면 큰 죄를 저지르게 된다.'는 뜻입니다.

예 바늘 도둑이 소도둑 된다고 동생은 처음에는 작은 거짓말을 하더니 그 거짓말이 점점 커져서 결국 엄마께 혼이 났다.

## 노심초사

본문 38쪽

일하다     노 (勞)
마음     심 (心)
애타다     초 (焦)
생각하다     사 (思)

중국 한나라 때 우의 아버지 곤이 황제의 명령을 다 이루지 못하고 목숨을 잃었습니다. 이에 우가 아버지에 이어 황제의 명령을 행하는데, 13년 동안 겨우 3번 집 앞을 지나면서도 한 번도 들어가지 않을 만큼 열심히 일만 하였습니다. 우는 자신이 맡은 일을 끝내기 위해 언제나 걱정을 하였습니다. 이 한자 성어는 한나라의 우처럼 '몹시 마음을 쓰며 애를 태운다'라는 뜻입니다.

예 엄마는 동생이 길을 잃을까 봐 노심초사(勞心焦思)하셨다.

## 군계일학

본문 42쪽

무리     군 (群)
닭     계 (鷄)
하나     일 (一)
학     학 (鶴)

'닭의 무리 가운데에서 한 마리의 학'이라는 뜻으로, 이 한자 성어는 '많은 사람 가운데서 뛰어난 인물'을 이르는 말입니다. 옛날 중국에 혜소라는 인물이 있었는데, 매우 뛰어난 능력에도 불구하고 벼슬을 할 수 없었습니다. 이런 그를 아버지의 친구가 황제에게 추천하였고, 혜소가 궁궐로 들어서자 한 신하가 "혜소는 닭의 무리 속에 있는 한 마리의 학과 같구나."라고 말한 데서 유래하였습니다.

예 지호의 달리기 실력은 우리 반에서 군계일학(群鷄一鶴)이다.

## 견물생심

본문 62쪽

보다     견 (見)
물건     물 (物)
생기다     생 (生)
마음     심 (心)

이 한자 성어는 '물건을 실제로 보면 가지고 싶은 욕심이 생긴다.'라는 뜻입니다. 평소에 갖고 싶었던 물건이 눈앞에 있다면 가지고 싶은 마음이 생길 것입니다. 그렇지만 가지고 싶다고 모든 것을 가질 수는 없습니다. 욕심이 생기더라도 자제할 줄 하는 자세를 갖는 것이 중요합니다.

예 핸드폰 가게로 구경 가자는 나의 말에 누나는 견물생심(見物生心)이라며 사지 않을 거면 구경 가지 말자고 했다.

## 진퇴양난

본문 70쪽

나아가다     진 (進)
물러나다     퇴 (退)
둘     양 (兩)
어렵다     난 (難)

이 한자 성어는 '나아가지도 물러나기도 어렵다.'는 뜻입니다. 무서운 놀이 기구를 잘 탈 수 있다고 큰소리쳤는데, 막상 놀이 기구를 타려니 겁이 나서 타지도 못하고 못 타겠다는 말도 못하는 상황에 놓일 수 있습니다. 이처럼 '이러지도 저러지도 못하는 어려운 처지'에 놓였을 때 이 한자 성어를 사용할 수 있습니다.

예 숙제를 해야 하는데 책이 없어서 진퇴양난(進退兩難)이다.

# memo

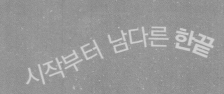

완자·공부력·시리즈  매일 4쪽으로 스스로 공부하는 힘을 기릅니다.

대표전화 1544-0554
주소 서울특별시 구로구 디지털로33길 48 대룡포스트타워 7차 20층
협의 없는 무단 복제는 법으로 금지되어 있습니다.